学校教育ではぐくむ
資質・能力
を評価する

関口貴裕
岸　学
杉森伸吉
［編著］

図書文化

はじめに

　「VUCA（ヴーカ）の時代」という言葉が使われています。VUCAとは，不安定性（Volatility），不確実性（Uncertainty），複雑性（Complexity），曖昧性（Ambiguity）の頭文字を並べた造語で，これからの社会の特徴を的確に表現する言葉として知られるようになりました。特に，教育界では，これからの人材育成の目標を，「不安定で不確実で複雑で曖昧な社会を生きぬいていくことができる力」として捉え，この力の実現のため，さまざまな教育の改革の取り組みを行うことが求められています。

　さて，このような改革の動きを具体的に推進するための大きな動力源は2つあります。一つは，言うまでもなく，学習指導要領による改革の方向づけです。2017年に動き始めた新学習指導要領では，子どもたちが未来社会を切り拓くための資質・能力を育成することをねらいとし，すべての教科等で①知識及び技能，②思考力，判断力，表現力，③学びに向かう力，人間性等，の3つの柱による育成を進めていきます。もう一つは，OECD（経済協力開発機構）によるEducation2030事業の推進です。この事業では，2030年の世界を生きる子どもたちに対して，育成すべき資質・能力（コンピテンシー）を知識，スキル，態度・価値の3要素で捉え，それらをどのように育成するか，を各国の協力で提案することが目的です。

　このような改革を，より具体的に行っていくためには，学校教育，特に小・中学校の教科等の授業で資質・能力をどのように育成するかを明らかにすることが必須であると考えます。そこで，東京学芸大学次世代教育研究推進機構（NGE）では，2015年より，文部科学省，OECDとともに，資質・能力を育成するための授業について実践研究を進めるプロジェクトを組織し，研究・活動を行ってきています。研究の中心となるのは，授業の指導方法と評価方法です。指導方法と評価方法は，学習を推進させるための車の両輪であり，両者が一体となって育成を進めていく必要があるからです。NGEプロジェクトでも，

指導を検討する部門，評価を検討する部門を構成し，活動を進めています。

　そのなかで本書は，資質・能力の育成に深く関わりつつも，特に評価が難しいと言われている「総合的な学習の時間」「特別の教科　道徳」「特別活動」を中心に取り上げました。難しさの理由は，教科学習のように，学習成果を得点化しづらいためです。そこで，どのように考えたら評価を進めることができるかを具体的に解説して，実践に役立つ提案を行うことをめざしました。もちろん，提案の内容は，教科学習でも十分活用できるはずです。読者の先生方が評価の実際を考えるときの有効なヒント集として活用されることを期待しております。

　本書の主な対象は，資質・能力の評価に力を入れたいが，どうしたらよいか悩んでいる，学校の先生です。第1, 2章では，導入として「教育評価はどのように考えたらよいのか」「そもそも資質・能力とは何か」「資質・能力の評価の課題とは」について概説します。続く第3, 4章では，「総合的な学習の時間」の探究学習を取り上げ，資質・能力の育成に向けた評価規準／基準の立て方やルーブリックを用いた評価について説明します。さらに第5～7章では，「道徳」「特別活動」について，現状どのような評価の取り組みがあるかや，評価の際の考え方，具体的な評価規準などを紹介します。そして最後の第8, 9章では，これからの評価に欠かせないICTを使った評価について，実際の活用方法の提案や，今後各所で取り入れられるであろうComputer Based Testing（CBT）の紹介を行います。

　本書の作成にあたっては，東京学芸大学附属大泉小学校，東京都八王子市立弐分方小学校の児童の皆さんと先生方をはじめ，多くの先生方のご協力をいただきました。また，企画・編集から出版まで，株式会社図書文化社出版部の東則孝氏には大変お世話になりました。御礼申し上げます。

2019年1月吉日

岸　　学

目次
学校教育ではぐくむ資質・能力を評価する

はじめに ……………………………………………………………………… 2

第1部　資質・能力の評価

第1章　教育評価の考え方と進め方を知る …………………… 8
① はじめに ……………………………………………………………… 8
② 教育評価の枠組みとは ……………………………………………… 9
③ 評価するとは：5W1H ……………………………………………… 10
④ まとめ―この章の利用の仕方 …………………………………… 20

第2章　育成すべき資質・能力と評価の課題 ………………… 22
① はじめに ……………………………………………………………… 22
② 21世紀を生きる子どもたちに育成すべき資質・能力 ………… 22
③ 資質・能力の育成と新学習指導要領 ……………………………… 28
④ 資質・能力の評価の課題とそれへの対応 ………………………… 31
⑤ まとめ ………………………………………………………………… 36

第2部　「総合的な学習の時間」における資質・能力の評価

第3章　「総合的な学習の時間」における「探究的な学習」の授業づくりとその評価について ……………………… 38
① はじめに―「総合的な学習の時間」の評価のポイント ……… 38

②「探究的な学習」とは ……………………………………… 39
　③「総合的な学習の時間」における「探究的な学習」の授業づくり … 41
　④ まとめ ……………………………………………………… 56

第4章 「総合的な学習の時間」におけるパフォーマンス評価の活用 …………………………………………………… 58
　① はじめに …………………………………………………… 58
　② パフォーマンス評価とは ………………………………… 59
　③ 東京学芸大学附属大泉小学校を例にした探究的な学び ……… 60
　④「総合的な学習の時間」における学習シートの活用 ………… 62
　⑤ ルーブリックの活用 ……………………………………… 63
　⑥ 子どもの実態に即したルーブリックの作成と改訂 …………… 67
　⑦ まとめ ……………………………………………………… 76

第3部　「道徳科」「特別活動」における資質・能力の評価

第5章 「道徳科」「特別活動」における評価の現状と課題 … 78
　① はじめに …………………………………………………… 78
　② 新学習指導要領における評価の方向性 ……………………… 79
　③「道徳科」と「特別活動」の評価の形成 …………………… 79
　④「道徳科」と「特別活動」の評価形成と記述に関する研究 ……… 81
　⑤ まとめ ……………………………………………………… 82

第6章 「道徳科」の評価の考え方と用いる表現 …………… 84
　① はじめに …………………………………………………… 84
　②「道徳科」の評価の特徴 …………………………………… 85
　③「道徳科」の評価はどのように行われているか ……………… 87

④ 児童生徒の姿をどのように記述したらよいか …………………… 94
　⑤ 効果的な評価の記述の在り方・進め方 ………………………… 96
　⑥ まとめ ………………………………………………………………… 103

第7章　「特別活動」の新しい評価方法の工夫 …………… 104
　① はじめに ……………………………………………………………… 104
　② 「特別活動」の評価方法の開発 ……………………………………… 105
　③ 「特別活動」の評価はどのように行われているか ………………… 106
　④ 学習指導案をもとにした評価表現の提案 ………………………… 110
　⑤ 「東京学芸大学版特別活動評価スタンダード」と「東京学芸大学版特別活動評価シート」の作成 ……………………………………… 113
　⑥ 「東京学芸大学版特別活動評価スタンダード」………………… 115
　⑦ 「東京学芸大学版特別活動評価シート」………………………… 117
　⑧ 公立小学校での使用例 …………………………………………… 120
　⑨ 「東京学芸大学版特別活動評価シート」（簡易版）の提案 ……… 123
　⑩ まとめ ………………………………………………………………… 124

第4部　ICTを活用した新しい学びと評価

第8章　ICTを活用した学びと評価 ………………………… 126
　① はじめに ……………………………………………………………… 126
　② なぜ，いまICT活用が強く求められるのか ……………………… 127
　③ 育成をめざす資質・能力とICT活用 ……………………………… 128
　④ 学びの場面とICT活用 …………………………………………… 130
　⑤ ICTを活用した学びと学習評価 ………………………………… 136
　⑥ ICTを活用した学びと評価のデザイン ………………………… 138
　⑦ まとめ ………………………………………………………………… 154

第9章　Computer Based Testing（CBT）を用いた新しい学習評価 …… 156

- ① はじめに ………………………………………………………… 156
- ② CBTとは ………………………………………………………… 157
- ③ CBTの特徴 ……………………………………………………… 160
- ④ CBTの新しいテストへの可能性 ……………………………… 163
- ⑤ 入試改革におけるCBT ………………………………………… 166
- ⑥ まとめ …………………………………………………………… 168

あとがき ……………………………………………………………… 172

第1部　資質・能力の評価

第1章
教育評価の考え方と進め方を知る

岸　学

1　はじめに

　資質・能力（コンピテンシー，詳しくは第2章で説明します）の育成が重要な課題になっています。いろいろな教育実践の場で，育成のために何をどのように行うのかを精力的に検討していますが，その過程で必ず壁になるのが，資質・能力をどのように評価するかの問題です。明治以来，教科指導の評価は膨大なノウハウの蓄積がありますが，資質・能力は，この10年程度の間でクローズアップされてきた新しい教育実践ですから，当然，その評価についていろいろ模索していくことになります。

　本書の目的は，学校教育の中で児童生徒の資質・能力を評価することについて，学校の先生方に少しでもお役に立てる情報や考え方を提供することです。具体的な内容に入る前に，本章では，導入として，そもそも「教育の場で評価を行う」とは何をどのようにするかを再確認していただくための情報を示します。これをもとに教育評価の考え方を整理することで，第3章以降でのさまざ

まな評価の工夫や実践例がどのような評価のことを指しているのかが明確になるでしょう。また，それとともに，先生方が資質・能力の評価を考える際にも，本章の考え方を踏まえることで新しい有効な手だてが見えてくるかもしれません。

2 教育評価の枠組みとは

　言うまでもなく，学校での学習・生活・進路などのさまざまな指導には評価の活動が必ず伴います。指導と評価は活動の両輪であり，双方の情報を相互にフィードバックして教育の量と質を高め合っています。

　ところで，「評価を行う」というと，学校の教師ではない一般の方々がイメージするのは，テストを実施して能力や技能を得点化し，それをもとに順位をつける，目標到達の程度を見る，などの活動であろうと思います。しかしながら，ご存知のように，これは学校での評価活動の一部にすぎません。こうした評価が可能なのは，テストの問題に正解が存在していて，正解を得点にして，得点が高いほうが能力や技能が高いとみなしてよい，という条件がそろった場合のみなのです。解答と回答の違いを考えてみてください。正解基準がある場合は解答，ない場合は回答です。このとき，正解を決めることができるのは，教科で教えた事実や手続きに関する知識を問題として出題した場合に限定されます。それ以外の児童生徒からのいろいろな情報はすべて正解のない「回答」に属します。児童生徒の意見，記述，作文，発言，記録，芸術作品，先生方による行動や観察の記録などにも正解は存在しません。考えてみますと，先生方が児童生徒の様子を捉えるときに圧倒的に豊かな情報をもたらすものは「回答」の情報であると言えます。特に，本書で取り上げる資質・能力の評価が問題となる「総合的な学習の時間」，「特別の教科　道徳」，「特別活動」は，その特質上，正解とは縁がない世界であり，「回答」がもとになる世界ですから，そこに得点化や順位づけのルールをもち込むのは土台無理な話なのです。

　したがって，先生方は，ご自身の評価の捉え方を広げ，いろいろな情報や状況での評価にうまく対応できるよう準備しておく必要があるといえましょう。

3 評価するとは：5W1H

では，先生方が評価を行うときには，何をどのように考えればよいのでしょうか。図1-1は，いろいろな評価の考え方を5W1Hの視点からまとめたものです（岸，2009）。評価を行うときのチェックポイントとして活用してください。特に，評価が難しいと言われている「総合的な学習の時間」「特別の教科道徳」「特別活動」では，いろいろなやり方の評価が使われる可能性があり，それらの特徴を捉えるときには図1-1は有効であろうと思います。

1 評価の5W1Hとは

5W1Hとは，Why（目的：なぜ），What（内容：何を），Who（実施者：だれが），When（時期：いつ），Where（場所：どこで），How（方法：どのように）のことです。これを評価の活動にあてはめますと，次のようになります。

まず，Whyは評価の目的で，何のために評価を行うのか，評価の結果をだれがどのように使うのか，について検討することを指します。続くWhatは何を評価するかで，評価の内容，すなわち児童生徒のどのような側面を取り上げ

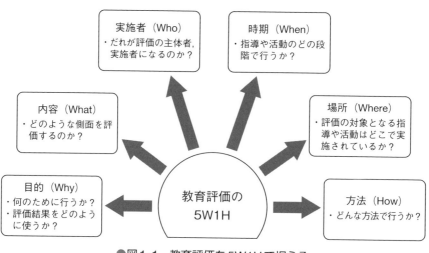

●図1-1　教育評価を5W1Hで捉える

て評価するのか，について検討を行うことです。Whoはだれが評価を行うか，すなわち評価の実施者の分類です。最近は，先生以外の人が評価を行う場合も多くなり，この点からの検討も必要になっています。Whenは，指導のどの時期や段階でどのような評価を実施するかを検討することです。Whereは評価の実施場所で，大部分は学校内であろうと思いますが，最近は学校外活動，社会に開かれた活動が増えてきました。そして最後のHowは評価の方法であり，実際に評価を実施するにあたって，Why，What，Who，When，Whereの視点を的確に反映しながら，最適な方法を考え，実践していくことを指します。

それでは，もう少し具体的に紹介していきましょう。

2　評価の目的（Why）

まず，そもそも何のために評価するのか，の検討です。評価活動があまりに日常的になると，「どのように評価するのか」が論議の中心になってしまい，「なぜ評価するのか？」の吟味をおろそかにしてしまうことが起こりがちです。なぜ評価をするのでしょうか？　そして，評価の結果をどのように使うのでしょうか？　評価することは児童生徒と先生方にどのようなメリットがあるのでしょうか？　ぜひこれらを検討してみてください。特に資質・能力の評価では，評価の結果を児童生徒にわかりやすく伝えることがきわめて重要になるのですが，ではどうするのか，の具体策はほとんど議論されていないのが現状です。以下，この点について考えるための基礎情報として，評価の目的を3つに分類して紹介します。

1 児童生徒に学習や活動の情報を伝える

評価の目的の第1は，児童生徒に学習や活動の経過や結果についての情報を伝えることです。児童生徒は，それをもとに，これまでの学習や活動の仕方を振り返る，あるいは今後どのように学習や活動をしたらよいかを考えていきます。特に，教科内容の学習では，情報をもらうことで，現在の学習の状態，すなわちどこまでがわかり，どこで考え違いをしており，今後どのように学習を進めていけばよいか，などのプランを立てるのに役立ちます。また，教科内容の学習以外のいろいろな活動でも，先生方や仲間からもたらされる情報によって，自分の活動の自己評価を行い，活動の自己改善に役立てることができます。

2 児童生徒から指導の成果についての情報をもらう

　第2の目的は，ややわかりにくいかもしれませんが，先生方の指導の成果がどうであったかについての情報を，児童生徒からもらうことです。教科内容のテストを行って児童生徒のできがいまひとつだったとします。原因は，児童生徒の学習不足という見方がある一方，教え方や教材や課題の問題と見ることもできます。指導上十分でない点を詳細に分析し，次の時間，次の単元，次の学期，次の学年に向けて改善する，というのがこの目的なのです。教科内容の学習以外の場合は，児童生徒のいろいろな活動の様子や成果の情報を集めて，指導目的がどの程度達成されたかを先生方自身が自己評価するとともに，「指導が不十分だったとしたら」という視点で情報を吟味することが，第2の目的を果たすことになるのです。

3 児童生徒の特徴を捉える

　第3の目的は，学級編成，学級内でのグループ編成などの目的に応じて，児童生徒をグループ化するための評価です。特に，学級では，学力，パーソナリティ（性格，人格），興味など多様な側面を考慮してグループを作る必要があり，これらの面の適切な評価が重要になってきます。また，入学試験による選抜や配置などもこの目的の評価に該当します。

3　評価の内容（What）

　どのような内容を評価するかについては，児童生徒が行う活動の種類によって異なるので，いろいろなものがあがってきます。さらに，先生方の活動，学校単位での活動に対する評価も加えると，多様さが増してきます。

　児童生徒のどのような側面を評価するのか，という視点で評価内容を見てみますと，学習指導，生徒指導，進路指導などに必要な児童生徒のいろいろな特性，すなわち，学力・意欲・動機・興味・知能・性格・適性・対人関係・道徳性・適応状況などがあがってきます。資質・能力の評価の場合は，新学習指導要領で「資質・能力の3つの柱（知識・技能の習得，思考力・判断力・表現力等の育成，学びに向かう力・人間性等の涵養）」があがっており（文部科学省，2016），これらが評価の内容になります。ただし，実際に評価を行うときには，もう少し具体的なレベルの言葉におきかえて考えていきます。

例えば，第4章の「総合的な学習の時間」における探究的な学びの評価では「理解力」「自律的思考力」「調和的表現力」をルーブリック（rubric）によって実施した例があり，第7章の「特別活動」の評価では，「人間関係形成」「社会参画」「自己実現」の3つの内容についてさまざまな視点からの評価を提案しています。

4　評価の実施者（Who）

　評価を行う主体はもちろん先生方です。ただし，それ以外にも児童生徒自身や仲間同士など，いろいろな実施者を考えることができ，状況によって使い分けることができます。

　先生方による評価は，まさに，先生方が評価の目的，評価の内容を設定して先生方自身が実施するタイプの評価です。

　児童生徒による自己評価は，自分自身を評価するものです。評価の内容や評価方法はいろいろ考えられますが，自身の学習や活動の振り返り，先生からの評価の受けとめ，自分の変化や成長に対する評価（ポートフォリオの活用等）などを行う際には自己評価が有効に機能すると思われます。

　仲間同士の相互評価，あるいはピア・ツー・ピア（peer-to-peer）評価は，先生方とは別の視点からの評価情報が交換され，それをクラスで共有することによって，児童生徒の活動に対する見方が広がっていく働きがあります。ただ，こうした相互評価では個人攻撃の問題や，反対に当たり障りのない発言の繰り返しなどの問題点も予想されます。相互評価を有効に機能させるためには，児童生徒相互で，何をどのように評価するかを共有してから実施することや，プラス面と改善点（マイナス面）を必ず評価として表明する，などの工夫が考えられます。

　また，児童生徒が教師を評価することもあります。特に授業評価は，最近，比較的見られるようになってきました。形式は，先生方の授業を児童生徒がいくつかの観点から評価するというものです。これによって先生の授業改善に有力な情報が得られると思いますが，具体的な授業改善の方法をどうするか，回答者の匿名性をどうするか，など注意しなければならない問題もいくつかあります。

第1部　資質・能力の評価

　さらに，児童生徒（または保護者）が学期ごとに自分の達成目標を決め，先生がその達成状況を評価するというタイプもあります（特別支援学級の実践例：今学期中に漢字で名前を書けるようにする，靴の紐を結べるようにする，など）。これは目標の設定者が児童生徒自身で，それのチェックを実施する人が別の人というタイプとみなせます。名前をつけるなら「私のここを評価してほしい」と伝えるので，オンデマンド（on-demand）評価とでも呼びましょうか。

　資質・能力の評価は，もちろん先生が実施者となりますが，評価を行うための情報，すなわち児童生徒の様子，行動，考え方などは，自己評価や仲間同士の評価からも得ることになります。ただ，知識・技能の有無のようにはっきりと判断できるような情報ではないので，情報はたくさんあるが結局どのように評価に結びつけたらよいかわからない，となることが多く，注意が必要です。

5　評価の時期（When）

　ここでは，どの時期にどのような評価を行うかを順番に示していきますが，これらは，単に時期の違いというだけでなく，それぞれの評価がもっている働き（機能）という点でも重要な意味があります（二宮，2015に詳説）。では，どのような評価があり，それぞれがどのような機能をもつのかを説明していきます。

１　診断的評価

　学年や学期や単元の初めに，児童生徒の様子を捉えるために行う評価です。評価の内容や働きについて，学年の初めには，新たに担当となる児童生徒のいろいろな情報（性格，適性，学力，能力など）を知ることが円滑な学年スタートにつながるはずです。特に，中学校1年，高等学校1年，転校してきた児童生徒など，初対面のケースでは，指導要録等の情報に加えて，先生方の観察や面談を通じて得た生の情報がきわめて重要になるといえます。状況に応じて，調査や簡単なテストなども活用できます。

　学習面での診断的評価としては，単元開始時に，既習事項とその定着度の確認，児童生徒の学習適性などを確認する必要があります。先行（既有）知識，先行経験，レディネス（準備状態）を確認し，児童生徒が，スムーズに学習内容に入っていくことができるような準備をすることが求められます。方法は，観察や調査の利用，あるいは簡単なテストなどが考えられます。

2 形成的評価

　指導の進行中や学習している単元の指導途中の段階で行う評価です。この評価の働きは，指導内容が，どこまで，どの程度理解されているか，どの程度定着しているか，次にどのようにすればよいか，などの情報を先生が集め，それを的確に児童生徒にフィードバックすることで，学習を調整し，新たな方向づけをしていくことです。指導の途中で評価を行い，評価の結果をすぐに指導に生かすという，連続した相互のやりとりとみることもできます（指導と評価の一体化）。

　この評価の方法は，授業時間の終わりにポイントをテストや質問やワークシートなどで確認する，というのがよく知られていますが，そのほかにも机間巡視で様子を観察する，いろいろな活動の途中に声かけやコメントをする，ノートを確認する，質問をしてみる，などいろいろあります。児童生徒の活動の様子を捉えて，それをフィードバックするすべての方策がこれに該当すると言ってよいでしょう。その際，重要なのは，先生方がどの児童生徒にどのような働きかけをしたのかの情報を極力記録しておくことです。難しいとは思いますが，記録することの効果は大きいと思います。

3 総括的評価

　単元終了後や学期末や学年末などに，指導の成果をはっきり示すために行われる評価です。ねらいは，事前に設定していた教育目標がどの程度達成されたかを評価し，それを指導要録に公式な記録として記すことや，通知表などの形で児童生徒とその保護者に評価の結果を伝えることです。

　総括的評価の内容は，学習の結果だけでなく，学校でのあらゆる活動の成果や，活動のときに先生方が指導した事項と児童生徒の様子など，まさに，まとめの評価活動と呼んでよいものです。さらに，評価の結果は，先生方にとっては単に記録し，伝えるのが目的ではなく，結果をもとに，次の指導計画，次年度の計画立案のときの資料として活用することにもなります。そのためには，児童生徒個人のレベルの総括的評価とともに，それらを集約してクラス全体を対象にした総括的評価を行うことも大事です。また，学年に複数のクラスがある場合，学年単位での総括的評価を行っておくことで，次学期，次年度以降の指導計画に有用な情報になると思います。

6　評価の場所（Where）

　どこで評価するか，すなわち，児童生徒の活動を観察し，対話し，学習の様子を確認し，それらを記録し，テストやワークシートに対する解答・回答を行う，という活動は，圧倒的に学級内，学校内で行われることですので，場所（Where）の違いによる評価方法の確認はあまり検討されないかもしれません。

　しかしながら，「総合的な学習の時間」や「特別活動」，さらには多くの教科で，学校外を活動の場とするケースがかなり増えてきています。特に，資質・能力の育成の有力な場として，地域や社会の中でのプロジェクト学習（PBL：Project-Based Learning）が盛んに進められてきていますので，活動の範囲が学校外に広がり，児童生徒が広いエリアでバラバラに活動する状況に対応した評価情報の収集が求められます。そのためには，活動の様子を記録する用紙を工夫し，活動を捉える観点を明確にして，すばやく的確に記録できるよう準備する必要があります。また，可能なら，ICレコーダー，ビデオ，タブレット端末，パソコンなどの機材を駆使して，先生方と児童生徒とが協働して活動の記録を収集するよう準備してください。

7　評価の方法（How）

　評価の方法にはどのようなものがあるかについては，評価の目的（Why）や内容（What），時期（When）などが異なると，それに対応して異なった方法が使われるため，その答えは実にさまざまになってきます。そこで，この項の説明では，評価の方法を，細かい内容の分類ではなく，大きな2つの視点から分類してみようと思います。それらは，「何と比べて評価するか」「テストの場面か，現実の場面か」の2つの視点です。以下，それぞれを説明していきますが，その前に，予備知識として「評価規準」と「評価基準」の違いを少し解説しましょう。

（1）評価規準と評価基準の違いとは

　「規準」と「基準」は，先生方の間で，「のりじゅん」と「もとじゅん」と呼んで区別されることが多いようです。辰野（2003）は，評価の照合のわく（枠）には「何を評価するのか」という質的な判断の根拠と「どの程度であるか」という量的な判断の根拠の2つが必要であり，前者は教育目標を具体化したもの

で「規準」に相当し，後者は「基準」に相当する，と説明しています。また，この概念はテストの出題内容を考えるときにも重要で，「規準」とは，指導目標や内容に相当し，「基準」とは，目標をどのくらい到達したかに相当します。

(2) 何と比べて評価するか

評価の方法は，評価を行うときに，児童生徒の達成度，習熟度などを，何とどのように比較するかによって，いくつかのタイプに分けられます。

1 集団に準拠した評価

他の児童生徒の結果や様子を基準にし，それと比較して評価するのは，「集団に準拠した評価」というタイプで，相対評価とも呼ばれます。これは，個人が，他の児童生徒の集団の中でどの位置にいるかを表現します。比較しようとする集団は，クラス，学年，地域，全国などさまざまです。また，位置の表し方は，順位，5段階評定，偏差値などがあります。相対評価は，学習面や技能面を評価するときによく使われますが，それ以外の面でも，集団の中で順位づけをして評価結果を示している場合には，このタイプに属します。

相対評価は，評価結果が順位や5段階評定などで表されて直感的にわかりやすく，また，国語と理科ではどちらがよかったか，という異なる内容同士の比較ができるのが利点です。その一方，比較する集団の状況に左右され，例えば集団全員の得点が上昇したら，個人のがんばりが評価結果に反映されにくいといった限界もあります。

2 目標に準拠した評価

一方，別の考え方として，教育目標や単元目標，技能の目安などを評価規準にし，その目標をどの程度達成しているかをチェックしていく方法があります。相対評価に対して絶対評価という呼び方もありますが，多くの場合，このタイプを「目標に準拠した評価」と呼び，目標への到達を目的とするという観点から，到達度評価と呼ぶことが多いです。

到達度評価は，児童生徒のさまざまな活動について，何がどこまで達成されている／まだである，をわかりやすく表現しており，児童生徒自身が活動の自己調整を行うのに最適な情報となります。また，学年進行，進学，転校などで初めて出会う児童生徒の学習などの様子を早く把握したい場合にも有用な情報となります。その一方，到達規準の設定や到達の程度の判断基準が難しく，ま

た評価のための作業量も多くなること，規準・基準を設定できないような高レベルの学習や活動に評価がうまく対応できるとは限らない，という検討点もあります。

3 個人内評価

　もう一つの基準の考え方として，個人の中で評価基準を設け，それと比較するというタイプもあります。これを個人内評価といいます。さらに，この個人内評価には2つのタイプがあり，「横断的個人内評価」と「縦断的個人内評価」とがあります。前者は，個人の中で，他の学習成績や技能状態と比較する場合です。例えば「私は，クラスの中で国語と音楽ではどちらの成績がいいのだろうか？」という比較を行う場合です。これは，ある個人の国語の得点と音楽の技能の双方をそれぞれクラス内で相対評価し（順位をつける，など），どちらがよいか比べます。後者は，個人の中で過去の評価結果と比べるもので，例えば，1学期から2学期にかけて大きく伸びたのはどの教科か，のような観点から評価します。発達的視点からの評価とみることもできます。

　資質・能力の評価では，児童生徒の状態を数量として捉えるのはきわめて難しいですが，それに比べて成長（発達）の様子を質的に捉えるのは十分実施できます。その意味で，資質・能力の評価では，個人内評価の視点が大変有用と言えましょう。

（3）テスト場面か現実場面か：新しい評価方法の考え方

　前項の（2）であげている評価方法は，いずれもテストなどで知識や技能の評価を行う場面を，指導とは別に設定して実施していくタイプのものです。一方，西岡（2015）によりますと，テストのために特別に設定された状況ではなく，現実の状況を模写したりシミュレーションしたりしながら評価することもまた重要であると指摘されています。このような状況での評価を「真正の評価」（オーセンティック評価）といいます。

　本書がテーマとしている資質・能力の評価，「総合的な学習の時間」「特別の教科　道徳」「特別活動」の評価に共通するのは，教科を通して育成される知識や技能の評価ではなく，現実場面，問題解決場面，みんなで協働する場面などで育成する力（例えば，協働する力，問題解決力，批判的思考力，他者の受容や共感，向上心など）を評価することです。本章の冒頭で解説しましたよう

に，そこで評価するのは，テストで出題して解答を求めることができるタイプの知識・技能ではありません。むしろ，グループ学習，地域でのプロジェクト学習（PBL）などを現実に即した場面で実践し，それによって育成される力なのです。

したがって，こうした資質・能力の評価では，「真正の評価」で使われる評価法が使われることになります。代表的なのが，「パフォーマンス評価」や「ポートフォリオ評価」です。また，これらの評価ではルーブリックを活用した評価が大事になります。そして，当然ながら本書ではこれらの「真正の評価」のための評価法をいろいろな角度から解説しています。ここでは簡単に紹介していきます。

1 パフォーマンス評価

パフォーマンス評価は，育成する資質・能力の評価を行うにあたって，抽象的な課題ではなく，現実の文脈に即した知識や技能を総合して使いこなすことを求める課題（パフォーマンス課題）を設定して評価することです。この評価は，紙と鉛筆を使った自由記述の問題から，レポートや新聞などの作品の製作，協働で実際に起こる問題を解決する課題，学校外で協働して活動を進める課題にいたるまで，さまざまな課題によって実施することができます。また，正解を求めるようなテスト形式であっても，前後関係や文脈を切り離したような，問題のための問題を出題するのではなく，あくまでも現実の活動，活動の流れの中での出題を重視します。パフォーマンス評価は，第4章でも紹介していますので，そちらもご覧ください。

2 ポートフォリオ評価

ポートフォリオ評価とは，児童生徒の学習活動の内容・成果などのいろいろな資料を，時間順序で蓄積していき，それらをもとに，学期や年間の終わりに，自分の発達や成長の様子を自己評価・自己確認していく方法です。この方法は，自己効力感や学習意欲を高めるのに有効であることが知られており，小学校から大学教育にいたるまで，多くの教育機関でこの方法や考え方が取り入れられてきています。

ポートフォリオ評価は，その有効性が多くの先生方に認められていますが，実際に行うとなると，どのように資料を蓄積し，保存し，検索し，有効に活用

するのかという技術的な問題があげられています。本書では第8章で詳しく紹介しますが，特にe-ポートフォリオとして，ICT機器を活用し，保存性・検索性を高めた方法を紹介していきます。

3 ルーブリックを活用した評価

パフォーマンス課題を用いて評価を行うときには，ルーブリックと呼ばれる評価基準表を用いることになります（西岡，2015）。ルーブリックは，ポートフォリオ評価でも重要になります。本書では，第3，4章でルーブリック作成のポイントや使い方を詳しく説明していますが，簡単に例示しますと，表1－1のようなものを指します。これはプレゼンテーション練習授業の評価用に作られたもので，行側に評価観点の規準，列側に評価段階の基準を示しています。そして，表のマス目には，具体的な言葉によって，達成度を判断するための評価内容を記述しています。「具体的な言葉によって」というのがポイントで，ルーブリックでは，単にどの段階まで達成したかではなく，「どのようなことができたからこの段階まで達成した」をわかりやすく示すことが重要です。先生方，あるいは児童生徒は，これをもとに達成度を判断していくのです。

4 まとめ—この章の利用の仕方

以上のように，この章では，教育評価を5W1Hという視点からまとめ直し，評価活動全体を見渡せるように解説しました。先生方は，いま行っている，あるいは行おうとしている評価活動を，5W1Hの枠組みでもう一度見直してみるとよいでしょう。また，「何か別の評価方法を工夫できないだろうか？」と考えるときには，例えば，Who—すなわち評価の実施者を変えたらどうなるか，How—ポートフォリオの考え方を導入したらどうなるか，What—内容に新たな項目を加えたらどうなるか，などと，この章の枠組みを使って，考えを焦点化することができます。

学習指導要領が変わるたびに，教科横断的な特性の評価，思考力・判断力・表現力の評価，そして資質・能力の評価など，評価すべき領域がどんどん拡大し，多様化しています。そうしたなかで，ここで示した枠組みが，先生方がいろいろな評価の工夫を考える際のお役にたてれば幸いです。

●表1-1 ルーブリックの一例（岸，2009）

	No.	観点内容	段階 5	4	3	2	1
評価観点	1	一番伝えたい内容は何かはっきりしていた	一番伝えたい内容が明確であり，発表者の意図も理解できる。	一番伝えたい内容が明確に理解できる。	一番伝えたい内容が理解できる。	伝えたい内容が曖昧である。	何を伝えたいのか理解できない。
	2	図表や写真の配置や枚数が適切だった	質の高い図表や写真が効果的に使用されており，分量が十分かつ適切である。	図表や写真が効果的に使用されており，適切な分量である。	図表や写真が効果的に使用されている。	図表や写真が使用されているが，分量が不十分（過量）である。	図表や写真の使用されてないことで，内容がわかりにくい。
	3	自分らしさが出ていた	発表者が自分自身の持ち味を理解しており，そのよさを生かしている。	発表者自身のよさを生かしていて好感がもてる。	発表者らしさが出ていて好感がもてる。	発表者らしさがあまり感じられない。	発表者らしさが感じられず，だれかの請負のような印象を受ける。
	4	資料が吟味され，発表者がその資料について熟知していた	いくつかの資料から優れたものを選び，その内容について熟知している。	優れた資料を使用しており，資料に書かれていることを熟知している。	内容にあてはまる資料を使用しており，資料の内容について理解している。	資料が用意されているが，発表者が資料の中身について十分に理解しているとはいえない。	資料が用意されているが，役立つ部分が少ない。発表者が資料の中身をよく理解できていない。
	5	結論が明確に伝わるような話の流れ（ストーリー）になっていた	話の流れがスムーズであり，論理展開に工夫がみられ，結論が明確に伝わる。	話の流れがスムーズであり，結論が明確に伝わる。	話の流れがスムーズであり，結論が何であるか理解できる。	話の流れが停滞する箇所があるため，結論が十分に伝わりにくい。	話の流れが散漫なため，結論がぼやけてしまっている。
	…	……	……	……	……	……	……

（木暮・岸（2005）で使用したものの一部抜粋）

(引用文献)

文部科学省（2016）．幼稚園，小学校，中学校，高等学校及び特別支援学校の学習指導要領等の改善及び必要な方策等について（答申） 中央教育審議会
　Retrieved from http://www.mext.go.jp/b_menu/shingi/chukyo/chukyo0/toushin/__icsFiles/afieldfile/2017/01/10/1380902_0.pdf（2018年3月1日）

岸 学（2009）．評価と測定 太田 信夫（編）教育心理学概論（pp.174-186）放送大学教育振興会

木暮 敦子・岸 学（2005）．プレゼンテーション指導における評価項目の検討 日本教育工学会第21回全国大会発表論文集，839-840.

二宮 衆一（2015）．教育評価の機能 西岡 加名恵・石井 英真・田中 耕治（編） 新しい教育評価入門——人を育てる評価のために——（pp.51-75）有斐閣

西岡 加名恵（2015）．教育評価とは何か 西岡 加名恵・石井 英真・田中 耕治（編） 新しい教育評価入門——人を育てる評価のために——（pp.1-22）有斐閣

辰野 千壽（2003）．教育評価の領域と手順 橋本 重治（原著）応用教育研究所（編）2003年改訂版 教育評価法概説（pp.27-39）図書文化

第2章
育成すべき資質・能力と評価の課題

関口貴裕

1 はじめに

　本書は学校教育の中で児童生徒の資質・能力（コンピテンシー）を評価することに関し，学校の先生方に少しでもお役に立てる情報や知恵，ツールを提供することを目的としています。しかし，そもそも，ここでいう「資質・能力」とはどのような力のことなのでしょうか？　本章では第1章に引き続き，以降の章への導入として「資質・能力とは何か」「それを評価することにはどのような課題があるか」を説明します。

2 21世紀を生きる子どもたちに育成すべき資質・能力

1　コンピテンシーとは何か

　近年，世界各国において，教科固有の知識・技能（コンテンツ）だけでな

く，コンピテンシー（competency）の育成をめざした教育目標の提案や教育改革が進められています。

コンピテンシーは，意味としては「能力」「有能さ」を表す言葉ですが，教育の世界ではより具体的な内容を伴って使われます。この言葉がよく使われるようになった契機の一つは，OECDが，後述する「キー・コンピテンシー」の概念を提案したことにあります。そこではコンピテンシーを「単なる知識や技能以上のものであり，特定の文脈において，スキルや態度を含むさまざまな心理・社会的リソースを活用することで，複雑な課題に対応する能力」と説明しています（OECD，2005）。より身近な言葉で言いかえると「知っていること・できること・考えていることをうまく使って，実際場面のさまざまな問題に対応する力」ということになるでしょう。

これまでの学校の学びは，国語や理科，音楽や体育といった各教科に固有な知識・技能を習得することを中心に行われてきました。そうした知識・技能は，さらなる学びや仕事を行う際の基礎としてとても重要ですが，教科固有の知識・技能をたくさんもっていることが，卒業後の仕事のパフォーマンスやよい人生を送ることに直結するかというとそうでもありません。コンピテンシーという概念の成立に重要な役割を果たしたマクレランド（McClelland，1973）は，伝統的な学力テストや学業成績などが，職務上の業績や人生における成功を予測しないことを報告しています。こうした研究を背景に，仕事のうえで優れた成果をあげる人などがもつ認知，社会，情意的な特性や能力のことを「コンピテンシー」と呼ぶようになったのです（より詳しくは奈須，2014）。知識や技能はただもっているだけではダメで，実社会におけるさまざまな問題解決の中で活用されてはじめて意味をもつものです。そしてそのためには，教科に関する知識・技能とはまた別の能力やスキル，態度，考え方などが必要になってくるのです。

コンピテンシーは，日本の教育界では「資質・能力」と表現されることが多いですが，そこには教科固有の知識や技能を含みつつも，それを超えたものという意味が込められていると言えるでしょう。本章（ならびに本書）でも以後，よりなじみ深い表現として，コンピテンシーのことを「資質・能力」と表現していきます。

2 資質・能力の育成が必要とされる背景

　こうした資質・能力の育成が求められるようになった背景には，21世紀になって，新しい知識・情報・技術が社会のあらゆる領域での活動の基盤として重要性を増す，いわゆる「知識基盤社会」が到来したことがあります（文部科学省，2005）。知識基盤社会では，それ以前のものづくり中心の産業社会と異なり，決められた仕事を決められた手順でやれば済むことは少なく，多くの職種で，常に変化にさらされながら未経験の課題に対応したり，自ら変化を引き起こしたりすることが求められます。

　また，この「知識基盤社会」という言葉は2005年の中央教育審議会（以下，中教審と呼びます）答申「我が国の高等教育の将来像」に登場する言葉ですが，これが出された当時（東日本大震災以前のスマートフォンもない時代！）といまの世界とを比べると，想像以上に科学技術が進歩し，国際化が進展し，社会や経済のあり方が変わり，大規模災害の危険性が高まっていることに驚かされます。この流れが今後も加速することを考えると，これからの世界がますます予測不能で複雑，曖昧，かつ課題に満ちたものになることは想像に難くありません。実際，学校の仕事を考えてみてください。これまでの経験や考え方が通用しない新しい課題や要求が次々と現れ，先生方が力を合わせ，また，さまざまな教育関係者と連携しながら，それらに対応しなければならなくなっていることが強く実感されるのではないでしょうか。

　こうした状況から21世紀の世界では，職業や生活のさまざまな場面において，決まった答えのない複雑な問題を前に，すでに身につけた知識・技能をもとに自ら学び，考えることのできる人材，そして異なる背景や専門性をもった人々と協働してそれに対応できる人材が求められるようになっています。それは教科の内容をただ頭の中に詰め込む20世紀型の学習では身につけられない力であり，そのために資質・能力の育成が必要になるのです。

3 さまざまな資質・能力の枠組み

　では，「資質・能力」とは具体的にどのような力や特性のことを指すのでしょうか？　これまでに世界各国においてさまざまな資質・能力の枠組みが提案されています。以下にその代表的なものを紹介します。

育成すべき資質・能力と評価の課題 第2章

(1) OECD DeSeCoのキー・コンピテンシー

　資質・能力の枠組みとして最もよく知られたものは，OECDが1997～2003年に実施したDeSeCoプロジェクト（Definition and Selection of Competencies: Theoretical and Conceptual Foundation）による「キー・コンピテンシー」でしょう（Rychen & Salganik, 2003 立田監訳 2006）。キー・コンピテンシーは，「人生の成功と良好に機能する社会に必要なコンピテンシーは何か」という大きな問いから資質・能力を整理する目的で，世界12か国の教育専門家や政策担当者が議論して抽出した，カギとなる力です。

　キー・コンピテンシーは，以下の3つのカテゴリーからなります。一つ目は「相互作用的に道具を用いる力」で，言語，数学，知識や情報といった文化的な道具，さらにはICT技術などを理解し，それらを周りの世界に働きかけるためにうまく使いこなすことができることを指します。二つ目は，「異質な集団で交流する力」で，他人とよい関係をつくる力，協力しチームで働く力，争いを処理し解決する力などがこれに含まれます。そして三つ目は「自律的に活動する力」で，個人が社会や集団における自分の役割を自覚し，自分自身の生活や人生を意味あるものとすべく，責任をもって管理，運営していく力のことです。また，キー・コンピテンシーでは，この3つの力の中核に，相違や矛盾を扱う力，異なる視点から多面的な判断を行う力としての「省察性」（reflectiveness，思慮深さ）があるとしています。

　キー・コンピテンシーはOECDが実施する「生徒の学習到達度調査」（Programme for International Student Assessment, PISA）の理論的基盤でもあり，各国に大きな影響を与えました。一方で，これは21世紀初頭に作られたやや古い枠組みであり，OECDは現在，学校教員や生徒の意見も取り入れつつ，より今日の状況を踏まえた新しい枠組みを提案するEducation 2030プロジェクトに取り組んでいます。

(2) ATC21Sの21世紀型スキル

　マイクロソフト，インテルなど世界的に有名なICT企業の支援のもと，2009～2012年にオーストラリア，フィンランド，ポルトガル，シンガポール，イギリス，アメリカが参加して行われた国際プロジェクト「21世紀型スキルの学びと評価」（Assessment and Teaching of 21st Century Skills，ATC21S）に

より提案された枠組みです（Griffin, McGaw, & Care, 2012 三宅監訳 2014）。21世紀に必要とされる資質・能力を「思考の方法」「仕事の方法」「仕事のツール」「世界で暮らすための方法」の4つに分類し、それぞれに含まれる10個の資質・能力を以下のように整理しています。

思考の方法	①創造性とイノベーション、②批判的思考、問題解決、意思決定、③学び方の学習（メタ認知）
仕事の方法	④コミュニケーション、⑤コラボレーション（チームワーク）。
仕事のツール	⑥情報リテラシー、⑦ICTリテラシー。
世界で暮らすための方法	⑧地域とグローバルのシチズンシップ、⑨人生とキャリア設計、⑩個人の責任と社会的責任

ATC21Sプロジェクトの背景や内容からもわかるように、教育界だけでなく、経済界や産業界からの意見も反映されているのが特徴です（第8章もご参照ください）。

(3) 国立教育政策研究所の21世紀型能力

日本の国立教育政策研究所（2013）が提案した資質・能力の枠組みで、2011年以降の学習指導要領における「生きる力としての知・徳・体のバランスの取れた力」を、教科横断的に育成すべき資質・能力の視点で再構成したものです（図2－1）。「基礎力」「思考力」「実践力」の3つの構造からなっており、中心にある思考力を基礎力が支え、基礎力や思考力の使い方を実践力が方向づけるというように、それぞれの力の関係を明確化している点に特徴があります。

中心にある思考力とは、「一人一人が自ら学び、判断し、自分の考えをもって他者と話し合い、考えを比較吟味して統合し、よりよい解や新しい知識を創り出し、さらに次の問いを見つける力」と定義され、具体的な力として「問題解決・発見力・創造力」「論理的・批判的思考力」「メタ認知・適応的学習力」（問題の解き方や学び方を振り返ったり、そこから次に学ぶべきことを探す力など）が考えられています。

一方、基礎力とは「言語、数量、情報（ICT）を目的に応じて道具として使いこなすスキル」のこととされています。そして実践力は、「日常生活や社会、

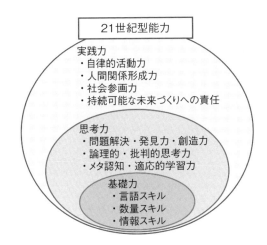

●図2-1　21世紀型能力（国立教育政策研究所，2013より）

環境の中に問題を見つけ出し，自分の知識を総動員して自分やコミュニティ，社会にとって価値のある解を導くことができる力，さらにその解を社会に発信し，協調的に吟味することを通して，他者や社会の重要性を感得できる力」と定義され，その具体的内容として「自律的活動力」「人間関係形成力」「社会参画力」「持続可能な未来づくりへの責任」などがあげられています。

(4) 各教科等の学びで育成可能な資質・能力

　ここまで紹介してきた資質・能力の枠組みは，基本的に，これからの世界を生きる子どもたちが「どのような資質・能力を身につけているべきか」という視点から提案されたものです。では，それは学校教育の場でどのように育成したらよいのでしょうか？　資質・能力がさまざまな知識・技能を基礎として，それを活用することで発揮されることを考えると，それを教科内容と切り離して育成することは難しく，むしろ教科等の学びを文脈として，そこに埋め込まれた形で育成することが望ましいでしょう。そこで私たちは，「学校の学びではどのような資質・能力を育成することができるか？」という問いをたて，教科教育の専門家へのアンケートを通じて，日本の小中学校教育における各教科等の学びで育成可能な資質・能力を整理しました（関口，2017）。

　アンケートは，思考力・判断力・表現力等に関係する「汎用的スキル」と，

人間性などに関係する「態度・価値」の2つについて、学校で育成可能な資質・能力を問うもので、得られた回答を整理した結果、以下の7つの汎用的スキルと、8つの態度・価値が得られました。

汎用的スキル	①批判的思考力、②問題解決力、③協働する力、④伝える力、⑤先を見通す力、⑥感性・表現・創造の力、⑦メタ認知力
態度・価値	①愛する心、②他者に関する受容・共感・敬意、③協力し合う心、④よりよい社会への意識、⑤好奇心・探究心、⑥正しくあろうとする心、⑦困難を乗り越える力、⑧向上心

また、それぞれの汎用的スキル、態度・価値が、実際に小中学校のそれぞれの教科等で、どの程度、育成可能だと思うかを学校教員を対象にアンケートで質問した結果、汎用的スキルの中でも特に「問題解決力」「協働する力」「伝える力」が、態度・価値では「協力し合う心」「好奇心・探究心」が、さまざまな教科等で育成可能とみなされていることなどが示されています。

3 資質・能力の育成と新学習指導要領

1 新学習指導要領における「資質・能力の3つの柱」

ここまでいくつかの資質・能力の枠組みを見てきましたが、これらはおおむね共通して、1）特定分野の知識・技能（例：ICTリテラシー、言語スキル）、2）汎用的、教科横断的な認知・社会的スキル（例：批判的思考力、協働スキル）、そして、3）何らかの態度・価値や人格特性（例：自律性、責任感）の3つの要素を含むことが指摘されています（Fadel, Bialik, & Trilling, 2015）。

これと同じ構造は、2020年度に小学校から順次実施されるわが国の新しい学習指導要領にも見ることができます（表2－1）。新学習指導要領では、これまでの資質・能力の枠組みも参考にしつつ、従来からの「生きる力の育成」という理念をより具体化したものとして、どの教科等でも「知識・技能」の習得、「思考力・判断力・表現力等」の育成、「学びに向かう力・人間性等」の涵養という3つの目標（資質・能力の3つの柱）で教育を行うこととしています

●表2-1　新学習指導要領における「資質・能力の3つの柱」

① 何を理解しているか，何ができるか（生きて働く「知識・技能」の習得）
　各教科等において習得する知識や技能であるが，個別の事実的な知識のみを指すものではなく，それらが相互に関連付けられ，さらに社会の中で生きて働く知識となるものを含むものである。

② 理解していること・できることをどう使うか（未知の状況にも対応できる「思考力・判断力・表現力等」の育成）
　将来の予測が困難な社会の中でも，未来を切り拓いていくために必要な思考力・判断力・表現力等である。思考・判断・表現の過程には，大きく分類して以下の3つがあると考えられる。
・物事の中から問題を見いだし，その問題を定義し解決の方向性を決定し，解決方法を探して計画を立て，結果を予測しながら実行し，振り返って次の問題発見・解決につなげていく過程
・精査した情報を基に自分の考えを形成し，文章や発話によって表現したり，目的や場面，状況等に応じて互いの考えを適切に伝え合い，多様な考えを理解したり，集団としての考えを形成したりしていく過程
・思いや考えを基に構想し，意味や価値を創造していく過程

③ どのように社会・世界と関わり，よりよい人生を送るか（学びを人生や社会に生かそうとする「学びに向かう力・人間性等」の涵養）
　前述の①及び②の資質・能力を，どのような方向性で働かせていくかを決定付ける重要な要素であり，以下のような情意や態度等に関わるものが含まれる。こうした情意や態度等を育んでいくためには，体験活動も含め，社会や世界との関わりの中で，学んだことの意義を実感できるような学習活動を充実させていくことが重要となる。
・主体的に学習に取り組む態度も含めた学びに向かう力や，自己の感情や行動を統制する能力，自らの思考の過程等を客観的に捉える力など，いわゆる「メタ認知」に関するもの。一人一人が幸福な人生を自ら創り出していくためには，情意面や態度面について，自己の感情や行動を統制する力や，よりよい生活や人間関係を自主的に形成する態度等を育むことが求められる。こうした力は，将来における社会的な不適応を予防し保護要因を高め，社会を生き抜く力につながるという観点からも重要である。
・多様性を尊重する態度と互いのよさを生かして協働する力，持続可能な社会づくりに向けた態度，リーダーシップやチームワーク，感性，優しさや思いやりなど，人間性等に関するもの。

（文部科学省，2016）。このうち「思考力・判断力・表現力等」は，前述の認知・社会的なスキルに相当し，「学びに向かう力・人間性等」は，態度・価値にあてはまるものと言えるでしょう。そして，この3つを踏まえて各教科等の目標や内容を再整理するとともに，教科等を超えたすべての学習の基盤となる言語能力や問題発見・解決能力などを育成することをうたっています。

2　「資質・能力の3つの柱」の評価

　このように新学習指導要領では，各教科の学びにおいて「知識・技能」，「思考力・判断力・表現力等」，「学びに向かう力・人間性等」をそれぞれバランスよく育成することをめざしているわけですが，そのどの要素の学びについても，適切な学習評価，すなわち個々の子どもに対する教育の成否を確認したり，子どもの状態を把握したりすることが重要なのは言うまでもありません。

　実際，新学習指導要領に関する中教審の答申（文部科学省，2016）でも，「学習評価は，学校における教育活動に関し，子供たちの学習状況を評価するものである。『子供たちにどういった力が身に付いたか』という学習の成果を的確に捉え，教員が指導の改善を図るとともに，子供たち自身が自らの学びを振り返って次の学びに向かうことができるようにするためには，この学習評価の在り方が極めて重要であり，教育課程や学習・指導方法の改善と一貫性を持った形で改善を進めることが求められる。」と，その充実と改善の必要性が明確に述べられています。

　そして，これに応じて新学習指導要領では，従来の観点別学習状況の評価を踏まえ，資質・能力の3つの柱に対応させる形で，各教科等における児童生徒の姿を「知識・技能」「思考・判断・表現」「主体的に学習に取り組む態度」の3観点で評価するとしています。また，「学びに向かう力・人間性等」には，「主体的に学習に取り組む態度」として観点別評価で見ることができる部分と，感性や思いやりなど観点別評価になじみにくいものがあることを指摘し，後者については，個人内評価（個人のよい点や可能性，進歩の状況について評価する）で見取ることとしています。

　これに従うと，まず各教科等に根ざした「思考力・判断力・表現力等」，例えば，中教審答申が示す中学校理科・生命領域の例でいうと，「観察，実験など

科学的に探究する活動を通して，生物の多様性に気付くとともに規則性を見いだしたり表現したりする力」などは，「思考・判断・表現」の観点から評価されることになります。また，より横断的で現実場面に即した思考力・判断力・表現力は，「総合的な学習の時間」などにおける探求的，協働的な学びや活動の姿を通じて評価するのが効果的だと考えられるでしょう。

さらに，「学びに向かう力・人間性等」のうち「学びに向かう力」については，前述のように各教科等における「主体的に学習に取り組む態度」の観点からおもに評価されます。一方，「人間性」については，個人内評価で評価されることになりますが，これらは日々の授業や学校生活での様子に加え，それぞれの児童生徒の「道徳科」や「特別活動」における姿を通じ見取られることになるでしょう。

しかしながら，「思考力・判断力・表現力等」といった汎用的なスキルや「学びに向かう力・人間性等」といった態度・価値に関わる資質・能力は，ペーパーテストや実技試験などでは見取ることが難しいものです。そのためには，授業の中で発表や話し合い，論述やレポートの作成など，「主体的・対話的で深い学び」（アクティブ・ラーニング）につながる活動を行わせ，そこにおける児童生徒の発言や振る舞い，製作物などを通じて評価（パフォーマンス評価，ポートフォリオ評価）をすることが重要になるでしょう。

しかし，「アクティブ・ラーニングを通じて評価する」と言うのは簡単ですが，実際にそれを行うことはとても難しいことでしょう。それを乗り越えるためには，まず各教科等の中で資質・能力を評価することに，どのような課題があるのかを詳しく調べ，それぞれについて対応策を考えていく必要があります。

4 資質・能力の評価の課題とそれへの対応

1 資質・能力の評価にはどのような課題があるか

そこで私たちは小中学校の教員900名にアンケートを行い，資質・能力を学校教育の中で評価する際に，どのような課題（難しさや実施上の困難）がある

かを回答してもらいました（鄭・宮澤・関口，2018）。表2－2（34～35ページ）は，それを整理した結果です。実際には「批判的思考力」「問題解決力」「協働する力」「伝える力」という4つの汎用的スキルの評価について調べた結果ですが，態度・価値も含むさまざまな資質・能力の評価に共通すると思われるため，ここで紹介します。

得られた回答は，「評価それ自体」「児童生徒」「授業づくり」「教員」に関係した課題の4つのカテゴリーに分けることができました。表2－2に記した一つ一つの内容は，学校で教えている先生方ならばだれもがうなずくことのできるものばかりだと思います。中でも一番多い回答は，「評価それ自体」に分類されるもので，資質・能力の評価には，客観性・信頼性のある評価のために，明確で使いやすい評価規準・基準をそれぞれの教員が用意できるようになることが重要だと言えるでしょう。これについては，教育目標の立て方やルーブリックの作り方について記した，本書の第3章や第4章の内容が参考になるかと思います。

また，他のカテゴリーの意見を踏まえると，そうした評価規準・基準や評価方法を考える際には，①集団の中でも一人一人を見取ることが可能であること（「評価それ自体」の問題），②児童生徒の能力や性格，育ち方，学級集団の質の違いに影響されないこと（「児童生徒」の問題），③教科内容の指導の中に埋め込みやすいこと（「授業づくり」の問題），④教員の力量に左右されず，時間のかからないこと（「教員」の問題）を考慮することが重要だと言えます。いずれも難しい問題ですが，これらについては，子どもたちの何をどのように見るかについて記した，本書の第5～9章の内容が役に立つことと思います。

2　資質・能力の評価の課題にどう対応するか

冒頭で述べたように本書の目的は，資質・能力を評価する際に，さまざまな課題や難しさがあることを踏まえ，学校の先生方に少しでもお役に立てる情報やツールを提供することです。その具体的な内容は，以降の各章に書かれていますが，本章でもいくつかの問題について，どのように対応するのがよいか，基本的な考え方を述べたいと思います。なお，ここであげた考え方や対応の仕方は，東京学芸大学教育学部の大澤克美先生，西村圭一先生，林尚示先生，細

川太輔先生，宮内卓也先生，山田一美先生（50音順）よりいただいたご意見に基づいています。

(1) 客観的に評価することの課題にどう対応するか

　目に見えない力をできるだけ主観に左右されずに評価する際に大切なことは，どのような授業や課題でも使うことができる汎用的で大まかな評価規準・基準，ルーブリックなどを用いて評価するのではなく，子どもたちにどうなってほしいのか，何ができてほしいのかを個々の課題や授業内容に即して思い描き，それをもとに個別・具体的な評価規準・基準を設定することです。

　また評価の客観性の問題については，複数の教師で評価する，子どもの相互評価や自己評価も踏まえて評価を行うなど評価者を増やしたり，子どもの状況を継続的に評価し，その積み重ねから判断するなど，評価の回数を増やすことでそれを高めるといった工夫が重要でしょう。そして，何より大事なことは，あたりまえのことですが，個々の教師が子どもの思考をていねいに見る力やスキルを身につけることです。

(2) 集団の中で評価することの課題にどう対応するか

　まず前提として，1人の教員が1回の授業ですべての子どもの様子を評価することは，よほどの力量がないかぎり不可能なことです。したがって，1回の授業ですべての子どもを評価するのではなく，個々の子どもを長いスパンで計画的に評価することが重要になります。また，ワークシートやポートフォリオ，タブレット端末などで，話し合いの経過やそれぞれの思考の過程が残るようにして，後からじっくりと子どもたちの姿を評価するといった工夫も考えられます。さらには上で述べたように，子どもたちの自己評価や相互評価を活用することも有効でしょう。

(3) 子どもたちの違いに起因する課題にどう対応するか

　子どもたちの言語能力や性格の違い，体験の個人差，学級の人間関係が子どもたちの発言や振る舞いに影響し，評価もそれに左右されてしまうというのは難しい問題ですが，これには2つの考え方があるでしょう。一つは，そのことを踏まえて，積極性のある子どもや能力の高い子どもだけでなく，どの子どもでも活躍できる課題や状況，テーマを用意し，公平に評価できるようにするということです。もう一つの考えは，それぞれの子どもの得手・不得手が何であ

●表2-2　資質・能力を評価することの課題

「評価それ自体」に関係した課題

- **評価規準・基準が明確でない，設定が難しい**　評価のための明確な規準・基準がないこと，個々の教師で違うこと，規準・基準を設定するにしてもそれ自体が難しいことなどを指摘したもの。
- **教師の主観が入る**　評価に際し，個々の子どもの力を客観的に評価することが難しく，教師の主観に基づいて評価しなければならないこと，そのために同じ子どもの評価が教師によって異なってしまう問題などを指摘したもの。
- **評価が難しい**　評価の難しさを漠然と指摘するものや，評価できない，評価の仕方がわからないなどと指摘したもの。
- **数値化できない**　子どもたちの力を数値化（ABC等の評価も含む）することの難しさを指摘したもの。
- **テストで測れない力を見取るのが難しい**　ペーパーテストなどで測れない子どもの内側にある力を，発言や振る舞いなどを通じて見取ることの難しさを指摘したもの。
- **一人一人を見るのが難しい**　限られた時間や機会の中でクラスの子ども全員を同じように評価することの難しさ，発表や発言の機会を平等に与えることの難しさなどを指摘したもの。
- **グループ活動の中で個人を評価するのが難しい**　グループでの活動の中で一人一人の力を見るのが難しいこと，特にグループ活動の成果に個々の子どもがどのように貢献したのかを評価するのが難しいことなどを指摘したもの。
- **1人の教員で評価するのは難しい**　さまざまな場面における個々の子どもの様子を1人の教員がもれなく捉え，評価することの難しさを指摘したもの。
- **しっかりとした評価計画が必要**　適切な評価のためには，単元や1単位時間の中で何をどのように評価するかを綿密に計画しておかなければならないことを指摘したもの。

「児童生徒」に関係した課題

- **子どもの表現力・言語力の違いが評価に影響する**　自分の考えを表現する力や語彙力，言語能力，文章力が高い子どもが高く評価される反面，表現力が弱い子どもでも実は深い思考をしている場合があるなど，それぞれの力を正しく評価するのが難しいという問題を指摘したもの。
- **子どもの性格の違いが評価に影響する**　積極性のある子どもが高く評価されたり，目につきやすかったりする反面，内気であったり，人前で話すのが苦手だったりする子どもの力を正しく評価するのが難しいなど，評価に対する性格の影響の問題を指摘したもの。
- **子ども間の力の差が大きい**　その力の育成に必要な能力の程度が子どもにより異なり，育成やそのための活動が難しい子どもがいることや，そうした個人差がある中でいっせいに指導をしたり，同じ基準で評価したりすることの難しさを指摘したもの。

- **子どもの能力・特性から見て難しい**　ある力の育成について，現代の子どもたちの特徴（例：自分の意見がない，協調性が低いなど）から考えて難しいと指摘したもの。
- **発達段階を考慮する必要がある**　その力の育成が小学生，特に低学年の児童ではまだ難しいことを指摘したもの。
- **生活や体験の個人差が個々の力に影響する**　それぞれの力の高低には，学校での指導の取り組み以外に，個々の子どもの家庭環境や生活体験の違いが大きく影響しているという問題を指摘したもの。
- **指導・評価のしやすさが学級集団の質で異なる**　その力の指導・評価につながる子どもたちの活動や振る舞いが，クラスの雰囲気や教師との関係によって異なるという問題や学級経営の重要さを指摘したもの。

「授業づくり」に関係した課題

- **指導・評価のための時間が授業にたりない**　その力の育成や評価のための活動（例：話し合い活動や発表，振り返りシートなど）に時間がかかるため，限られた授業時間・時数の中でそれを行うのが難しいことや，個々をていねいに指導したり，評価したりするための時間が取れないことなどを指摘したもの。
- **課題設定や教材準備の難しさ**　その力を育成したり，評価したりするための課題や教材を考えたり，選定したりすることが難しいことを指摘したもの。
- **その力を指導・評価する場面設定**　その力を育成したり，評価したりする場面や機会を授業の中に設けることが難しいことを指摘したもの。
- **指導が難しい**　その力の指導・育成自体の難しさを指摘するもの，指導方法がわからないなどを指摘したもの。
- **教科内容の指導・評価との両立**　教科に関する知識・技能の指導と資質・能力に関係した指導をともに行うことが時間的に難しい，教科内容との整合性を取るのが難しいなどの問題を指摘したもの。

「教員」に関する課題

- **教員に力量が必要**　その力の育成，評価には教員の側に力量が必要であり，それができない教員がいることや力量の違いが評価の違いにつながってしまうなどの問題，力量向上のために研修が必要であることなどを指摘したもの。
- **教員間の意識・理解・認識の違い**　その力を育成，評価することに対し教員の間で温度差があることや，育成する力についての理解に差があることなどの問題，共通理解を得ることの重要性などを指摘したもの。
- **教員の忙しさから評価の時間が取れない**　評価のための準備を行うことや子どもたちの振る舞いや成果を通じた評価には時間がかかるが，教員の多忙さからそのための時間を取ることが難しいことを指摘したもの。

るかを把握し，あくまでその伸びを見取る，すなわち個人内評価を重視するという考え方です。

（4）授業づくりに関する課題にどう対応するか

資質・能力の評価が可能な授業づくりのためには，評価を含めた授業デザインが重要です。すなわち，それぞれの学習内容でどのような資質・能力を育成・評価するのがふさわしいかを考え，そのためにどのような授業を行ったらよいかを踏まえて授業設計を行うということです。

また，資質・能力の評価のためには，授業の中にできるだけ学び合いや振り返り，ワークシート記入の時間を設けることが重要です。そして，何をどのように行うかを考える際には，やはり教員同士が相互の実践や手作り教材を持ち寄り，互いに学び合うことが有効でしょう。

5 まとめ

本章では，資質・能力とは何か，それを評価することにどのような課題があるかを整理したうえで，最後に，資質・能力の評価についていくつかの考え方を紹介しました。もちろん，ここであげたこともみな「言うは易く行うは難し」ということばかりかもしれません。これらを実践していくためには，それぞれの先生方の努力や気合いだけでは十分でなく，やはり武器となる評価のスキルや知恵，ツールが必要となってきます。本書では，「総合的な学習の時間」の評価，「道徳科」の評価，「特別活動」の評価，ICTを活用した評価を題材に，それにつながる内容を以降の各章で提案していきます。

(引用文献)

Fadel, C., Bialik, M., & Trilling, B. (2015). Four-dimensional education. Center for Curriculum Redesign. Retrieved from http://curriculumredesign.org/wp-content/uploads/Four-Dimensional-Education-Excerpt-Chapter-1-and-2-partial-CCR.pdf (2018年3月1日)

Griffin, P., McGaw, B., & Care, E. (Eds.). (2012). *Assessment and teaching of 21st century skills.* Dordrecht, The Netherlands：Springer.（グリフィン，P・マクゴー，B・ケア，E（編）三宅 なほみ（監訳）(2014). 21世紀型スキル――学びと評価の新たなかたち―― 北大路書房）

国立教育政策研究所 (2013). 教育課程の編成に関する基礎的研究 報告書5 社会の変化に対応する資質や能力を育成する教育課程編成の基本原理 平成24年度プロジェクト研究調査研究報告書

McClelland, D. C. (1973). Testing for competence rather than for "intelligence." *American Psychologist, 28,* 1-14.

文部科学省 (2005). 我が国の高等教育の将来像（答申）中央教育審議会 Retrieved from http://www.mext.go.jp/b_menu/shingi/chukyo/chukyo0/toushin/05013101.htm (2018年3月1日)

文部科学省 (2016). 幼稚園，小学校，中学校，高等学校及び特別支援学校の学習指導要領等の改善及び必要な方策等について（答申）中央教育審議会 Retrieved from http://www.mext.go.jp/b_menu/shingi/chukyo/chukyo0/toushin/__icsFiles/afieldfile/2017/01/10/1380902_0.pdf (2018年3月1日)

奈須 正裕 (2014). 学習理論から見たコンピテンシー・ベイスの学力論 奈須 正裕・久野 弘幸・齊藤 一弥（編）知識基盤社会を生き抜く子どもを育てる――コンピテンシー・ベイスの授業づくり―― (pp. 54-84) ぎょうせい

OECD (2005). The definition and selection of key competencies：Executive Summary. Retrieved from http://www.oecd.org/pisa/35070367.pdf (2018年3月1日)

Rychen, D. S., & Salganik, L. H. (Eds.). (2003). *Key competencies for a successful life and a well-functioning society.* Göttingen, Germany：Hogrefe & Huber.（ドミニク，D. S・サルガニク，L. H.（編）立田 慶裕（監訳）(2006). キー・コンピテンシー――国際標準の学力をめざして―― 明石書店）

関口 貴裕 (2017). 学校の学びにおける汎用的な資質・能力に関する調査「OECDとの共同による次世代対応型指導モデルの研究開発」プロジェクト――平成28年度研究活動報告書―― (pp. 16-25) 東京学芸大学次世代教育研究推進機構

鄭 谷心・宮澤 芳光・関口 貴裕 (2018). 初等中等教育における汎用的スキルの評価の現状と課題――現職教員に対する調査の分析と考察から―― 日本教育大学協会研究年報, 36, 107-120.

第2部 「総合的な学習の時間」における資質・能力の評価

第3章
「総合的な学習の時間」における「探究的な学習」の授業づくりとその評価について

梶井芳明

1 はじめに
―「総合的な学習の時間」の評価のポイント

「総合的な学習の時間」では,「横断的・総合的な学習や探究的な学習を通して,自ら課題を見付け,自ら学び,自ら考え,主体的に判断し,よりよく問題を解決する資質や能力を育成するとともに,学び方やものの考え方を身に付け,問題の解決や探究活動に主体的,創造的,協同的に取り組む態度を育て,自己の生き方を考えることができるようにする。」といった,その目標や趣旨にそった学習目標や内容の設定が,各学校の裁量に任されています。

そして,その評価についても,評価観点の設定や評価方法について,学校独自の開発的な取り組みが期待されています。また,その際,子ども個人にはぐくまれているよい点や進歩の状況などを積極的に評価することや,それを通して子ども自身も,自分のよい点や進歩の状況などに気づくようにすることが大切であることが指摘されています(国立教育政策研究所,2011)。

では,「総合的な学習の時間」においては,子どもたちの育つ姿をどのよう

な視点で見ていけばよいのでしょうか。

　「総合的な学習の時間」において子どもの学習状況を評価する際には，単に何かの体験や活動をさせて，それに一生懸命取り組む様子を見るということではなく，その単元で「育てようとする資質や能力および態度」を明確化し（評価規準の設定），それらの資質，能力，態度を育成するための「学習内容」に適した「学習方法」を，それぞれの教師や学校全体で十分に検討する必要があります。そして，各単元において評価規準を設定する際には，子どもが取り組む「学習内容」および「学習方法」との関連を踏まえつつ，例えば「主体的に課題に取り組む」とは，実際にどのような振る舞いをし，何ができることなのかのように，それぞれの規準に即して育成が期待される子どもの姿として具体的に想定することが重要となります（国立教育政策研究所，2011）。

　そこで本章では，「総合的な学習の時間」の学びのうち，特に「探究的な学習」を取り上げ，そこで育成する子どもたちの資質・能力をどのように明確化し，どのように規準に生かしていくか，そして，それをもとにどのように授業づくりをしたらよいかについて，筆者らが東京学芸大学附属大泉小学校（以下，附属大泉小学校）で行った実践研究の成果をもとに考え方を説明します。

2　「探究的な学習」とは

　今日，「総合的な学習の時間」で取り組むことが求められている主たる「学習内容」および学習方法は，その目標に記されているとおり「探究的な学習」を通して具体化ならびに実行していくものです。では，この「探究的な学習」とは，いったいどのような学習活動を意味するのでしょうか。

　2008年改定の学習指導要領（文部科学省，2008a）では，「探究的な学習」が学習指導の重点の一つに位置づけられました。この「探究的な学習」とは，「問題解決的な活動が発展的に繰り返されていく一連の学習活動」と定義され（文部科学省，2008b），特に「総合的な学習の時間」においては，従来にも増して，「どのように学ぶのか」といった探究の過程を重視した学習活動が求められることとなりました。さらに，探究の過程としては，体験活動などを通して，課題を設定し，課題意識をもつ「課題の設定」，必要な情報を取り出した

り収集したりする「情報の収集」，収集した情報を整理したり分析したりして思考する「整理・分析」，気づきや発見，自分の考えなどをまとめ，判断し，表現する「まとめ・表現」の4つの過程が想定され，学習活動のねらいや特性などに応じてその順序が前後することがあるものの，子どもの学習活動を図3－1のように展開させるイメージが示されました（文部科学省，2008b）。

なお，図3－1には，「探究の過程を経由する」の前後に，「日常生活や社会に目を向け，児童が自ら課題を設定する」ことや，「自らの考えや課題が新たに更新され，探究の過程が繰り返される」ことが示されています。このことからも，「探究的な学習」とは，子どもの日常生活や，それを取り巻く社会における答えが一つに定まらなかったり，容易には解決にいたらなかったりするような課題について，自ら目標を設定して主体的に課題解決に取り組もうとする，いわゆる「主体的な学習活動」そのものであることを意味していると理解できます。

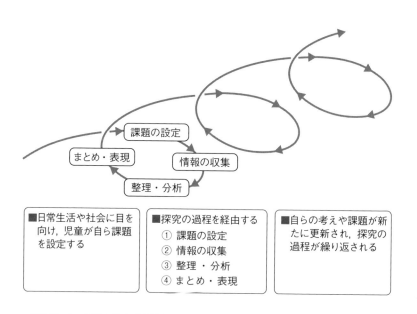

●図3-1 「探究的な学習」における子どもの学習活動の展開イメージ

（文部科学省，2008b）

3 「総合的な学習の時間」における「探究的な学習」の授業づくり

1 「探究的な学習」ではぐくむ子どもの姿を想定しよう

　「探究的な学習」の授業づくりを行う際には，まずはじめに，その学習単元を通してどのような子どもを育てたいのかを，具体的な子どもの姿として明らかにしておく必要があります。

　例えば，附属大泉小学校における「探究科」（社会科，理科，総合的な学習の時間，生活科を統合して新設）の授業づくりにおいては，「探究を通してコミュニケーションできる人」を育てることを最終目標に位置づけて学習指導に取り組んでいます（後藤・鄭・宮澤・梶井，2016）。その理由は，子どもらの実態を踏まえて協議したところ，コミュニケーションを通して仲間意識や相手意識をはぐくんだり，仲間や相手，物事に関わろうとする意欲や能力を高めたり，さらには，学習対象や自分自身に対する理解を深めたりすることが重要であると判断されたためです。また，校内研究全体会において，「探究を通してコミュニケーションできる人」を育てるためには，その下位目標として，1）探究の対象となる課題について知識をもつ必要があることから「知識のある人」を，2）課題についての知識をもとに探究を意欲的に進めていく必要があることから「探究する人」を，3）課題に対する自らの目標を踏まえて探究を自律的に進めていく必要があることから「考える人」を，それぞれ想定し，これらの子どもの姿を目標に位置づけて，授業づくりを行う必要があることが確認されました。

　以上のように，子どもたちを主体的かつ系統的に「探究的な学習」に取り組ませるためには，校内研究全体会といった全学年で協議をする場において，どのような子どもを段階的かつ系統的にはぐくんでいくのかを，具体的な子どもの姿を想定して確認することが重要になります。すなわち，この例で言うならば，6年間を通して，子どもたちを「探究を通してコミュニケーションできる人」に育てるために，どの学年で，どのような「学習内容」について，どんな「学習方法」で学習活動に取り組ませればよいのかを教育課程として計画して

おくことが必要な準備となるのです。

2 「探究的な学習」ではぐくむ子どもの姿に備わる資質・能力を設定しよう

　学習指導要領の改訂に伴い，「何を学ぶか」といった知識内容（コンテンツ）を問う学力観に加えて，「どのように学ぶか」「何ができるようになるか」といった主体的，協同的，さらには対話的な学習活動の展開と，そのような学習活動を通して資質・能力（コンピテンシー）を育成する学力観にも，より一層の学習指導の重点がおかれることとなりました。

　このとき，「探究的な学習」を通じて子どもたちのさまざまな力を伸ばすために重要なことは，前述のように，どのような資質・能力を育成するのかを検討するのと同時に，そのような資質・能力を備えた子どもの姿を，より具体的に想像することです。

　例えば，先に取り上げた，附属大泉小学校における「探究科」の授業づくりにおいては，「知識のある人」「探究する人」「考える人」「探究を通してコミュニケーションできる人」というそれぞれの目標に対し，それらの子どもの姿に備わる資質，能力を具体的に整理しました（梶井・後藤，2017）。

　そのために筆者らは，全学年の教員を対象に，担任する学年（担任でない場合は，回答に際して想定する学年）の「探究科」で育成すべき資質，能力について，次の2つの質問を行いました。一つ目は，「『探究を通してコミュニケーションできる人』『考える人』『探究する人』『知識のある人』といった『探究科』で育む4つの子どもの姿に備わると想定する資質と能力についてのキーワードを，『PYP attitudes』『PYP key concepts』から，それぞれ3つずつ選んでください。」という内容でした。二つ目は，「質問1で選択した各キーワードについて，育成すべきだと考える資質・能力の具体的な内容を，それぞれ文章（箇条書き）で回答してください。」という内容でした。

　なお，「PYP attitudes」と「PYP key concepts」とは，それぞれ国際バカロレア教育（ジュネーブに本部がある国際バカロレア機構が提供する教育プログラム）の初等教育プログラム（PYP：Primary Years Programme）で扱われている，「探究学習」に取り組む際の12の姿勢（attitudes）と8つの重要概

念 (key concepts) のことです。

　国際バカロレア教育は，世界の複雑さを理解して，そのことに対処できる人材を育成するために，未来に対し責任ある行動をとるための資質・能力を児童生徒に身につけさせることを目的としています。これらは，以下に述べる内容を理解するだけでなく，先生方が実際に「探究的な学習」で育成する子どもたちの姿とそれに備わる資質・能力を考える際にも大いに参考になるものなので，表3-1，表3-2に詳しく示します。

　表3-1は，「PYP attitudes」として示された姿勢とその内容です。これらは，いずれも日本の教育で言うところの「豊かな人間性」に相当する内容であると判断し，筆者らの整理では，学びに向かう姿勢，いわゆる「資質」として用いました。一方，表3-2は，「PYP key concepts」として示された重要概

●表3-1　「探究学習」に取り組む12の姿勢 (attitudes) とその内容

姿勢 (attitudes)	内容
感謝 (Appreciation)	世界と世界の人々のすばらしさ，美しさに感動する。
責任 (Commitment)	自分の学びに自立心と責任をもって真剣に取り組む。
自信 (Confidence)	学習者としての自分の能力を信じ，難しいことに挑戦する勇気をもち，学んだことを応用して，適切な判断と選択をする。
協力 (Cooperation)	協力，共同し，状況に応じてリーダーシップを取る，または指示に従う。
創造性 (Creativity)	問題やジレンマに対して，創造的に，想像力を働かせて考え取り組んでいく。
好奇心 (Curiosity)	学びそのものや，世界，人々，文化に対して好奇心をもって取り組んでいく。
共感 (Empathy)	他の人の状況を想像し，彼/彼女がなぜそのような感情をもつにいたったのかを理解し，他者のものの見方に心を開き，深く考える。
熱中 (Enthusiasm)	学ぶことを楽しみ，プロセスも手を抜かずに努力する。
自立 (Independence)	自分で考え，行動する。きちんとした根拠に基づいて自分で判断し，その判断に対して説明することができる。
誠実 (Integrity)	正直であること。思慮深い公正感を，身をもって示す。
尊重 (Respect)	自分自身，他者，そして私たちの身の回りの世界を尊重する。
寛容 (Tolerance)	世の中の違いや多様性に対して敏感で，他者から必要とされることに応える。

「国際バカロレア機構 (2016)」をもとに，筆者が作成

念と，それぞれの概念理解に取り組む際の「主要な学習の問い」(学習目標)，「定義」(学習内容)，「根拠」(学習理由)，「関連概念の例」(学習方法を決める際の重要語)です。これらの内容は，いずれも「探究的な学習」の場面における学習内容と学習方法に関連した事柄が示されており，およそ学習に取り組む際に必要となる知識，技能に関わる内容であると判断し，学ぶための力，いわ

●表3-2 「探究学習」で扱われる8つの重要概念(key concepts)とそれぞれの概念理解に取り組む際の「主要な学習の問い」「定義」「根拠」「関連概念の例」

特徴・構造（Form）	
主要な学習の問い	それはどんなもの？
定義	ものにはすべて，目で見たり，説明や表現をしたり，分類したりすることができる特徴や構造がある。
根拠	観察，定義，表現，分類の能力は，さまざまな原則の中で，または領域を越えて行われる人としての学びにおいて，基本となるものである。
関連概念の例	特性・特質，構造，類似，相違，パターン

機能・役割（Function）	
主要な学習の問い	それはどんな働きをするの？
定義	すべてのものには判断の対象となるべき目的や役割，動作の仕方がある。
根拠	機能や役割，行動，働きを分析する力は，さまざまな原則の中で，または領域を越えて行われる人としての学びにおいて，基本となるものである。
関連概念の例	行動，コミュニケーション，パターン，役割，システム

原因・理由（Causation）	
主要な学習の問い	なぜそうなるの？
定義	理由もなく突然何かが起こることはなく，すべての物事には原因や関連があり，すべてはつながりがある。
根拠	「なぜ？」という疑問をもつよう促し，物事にはすべて原因や理由，出来事などの因果関係が生じることを認識させる。因果関係を分析することは，さまざまな原則の中での，または領域を越えて行われる人としての学びにおいて重要であり，かつ基本となるものである。
関連概念の例	因果関係，出来事の順序，パターン，影響

変化・変容（Change）	
主要な学習の問い	どう変わっているの？
定義	変化・変容とは，ある状態から別の状態へと移り変わる際のプロセスであり，普遍的かつ不可避なものである。
根拠	変化は，すべての存在に対して普遍的に起きるからというだけではなく，移り変わりの激しい世界のさまざまな土地で育った児童にとって，国際的な視野を養ううえで大きな関わりのあるものである。
関連概念の例	順応・適応，成長，サイクル，出来事の順序，変質

関連・影響（Connection）	
主要な学習の問い	他とどうつながっているの？
定義	私たちが住むこの世界では，さまざまなシステムや個々の要素が，相互に影響を与え合っている。
根拠	何もない場所には何の存在もない。何らかの仕組みの中にこそ物事は存在する。それはときに複雑な関係性や変化を示し，周りに対しても影響を及ぼしていく。私たちがとる行動は，即座に表面化するものではないにしろ，他者に確実に影響を与えるものであり，個人レベルで与える影響は，ひいては広い世界や環境への大きな影響へとつながっていく。
関連概念の例	システム，関係，ネットワーク，信頼性，相互依存の関係

視点・視野（Perspective）	
主要な学習の問い	どのような見方があるの？
定義	知識がどのような色を帯びるかは，それを見る視点に大きく依存する。異なる視点は，異なる解釈や理解，発見を生み出す。視点は個人やグループ，文化やその土地の考え方などにも大きく影響される。
根拠	単純すぎる考えや，偏った見方や先入観をもってしまうことを防ぎ，他者の視点に深く考えを巡らしながらも，自分の意見の正当性をしっかりと主張する力を身につけることは非常に重要である。
関連概念の例	主観性，心理，信念。意見，偏見

主体・責任（Responsibility）	
主要な学習の問い	私たちの責任は何だろう？
定義	人は，何らかの選択をする場合，自らがもつ理解に基づいて判断を行う。一方で，人の行動は周りに何らかの影響を与え，変化を生み出す。
根拠	責任を正しく認識し対応していく力，社会的な責任を担う力を身につけていく必要がある。この概念は，PYPカリキュラムの基本的要素の一つである「行動」に大きく結びつくものである。

関連概念の例	権利，市民権，価値観，偏見，自発性
評価・省察（Reflection）	
主要な学習の問い	私たちは何をどうわかったの？
定義	「知る」ためにはさまざまな道がある。知り得たことを推論し，自分の中でどのように結論づけるかが重要である。知り得たことの本質や信頼性について考える。
根拠	相互に関連する一連の理由の一つとして選択される。自ら導き出した証拠や手法，結論を詳しく調査していくことで，児童の考えはメタ認知の領域にまで押し上げられていく。そこから得た「異なる規律や秩序の中で物事を知ることの意味」に対する認識は，調査結果の偏りや不正確さに対する厳しい対応へとつながっていく。
関連概念の例	再調査・再考察，解釈，証拠，責任，行動

「国際バカロレア機構（2016）」をもとに，筆者が作成

ゆる「能力」として用いました。

　回答結果の分類は，教育心理学，教育方法学，教育工学をそれぞれ専門とする大学教員3名と，教育心理学を専門とする学生1名の協議のもとで行いました。また，分類結果については，副校長ならびに5名の研究推進委員の教員が，教育実践上の妥当性の観点から一緒に確認を行いました。そうして，「探究科」の学習ではぐくむ4つの子どもの姿に対し，それぞれ育成すべき資質，能力を選定したものが表3－3（48～49ページ），表3－4（50～51ページ）です。

　まず，「知識のある人」の資質（表3－3）として「納得するまで調べる」といった【持久性】を，能力（表3－4）として「～がわかる」といった【理解力】を，それぞれ設定しました。同様に「探究する人」の資質には「自分から進んで調べる」といった【好奇心】を，能力には「自分と他の人の考えを比べて予想することができる」といった【比較・類推力】を，それぞれ設定しました。さらに，「考える人」の資質には「学習の目的をもって調べる」といった【自主性】を，能力には「学習の目的を踏まえて考えることができる」といった【自己調整力】を設定し，最後に「探究を通してコミュニケーションできる人」の資質には「他の人と話し合いながら調べる」といった【協調性】を，能力には「他の人が納得するように自分の考えを表現することができる」といった【調和的表現力】を，それぞれ位置づけました。表3－3，表3－4には，そ

れぞれの資質，能力に応じた子どもたちの具体的な姿を，低学年，中学年，高学年に分けて示しています。

　なお，これらの表は，附属大泉小学校の実践のために筆者ら研究者グループが整理したものですが，これをお読みの先生方が「探究的な学習」の授業づくりに取り組む際の，それぞれの学校の目標や学習内容に応じた評価規準をつくる際の参考にもなるかと思います。

　また，その際には，1)「探究的な学習」で育てる子どもの姿（大きな到達目標）を，例えば，附属大泉小学校における「探究科」の授業づくりで設定された「知識のある人」「探究する人」「考える人」「探究を通してコミュニケーションできる人」を参考にして選定する。2) 1) で選定した子どもの姿に対し，「PYP attitudes」や「PYP key concepts」を手がかりにして，それらに備わる資質・能力とそれを備えた子どもの姿を整理する。また，整理の際には，校内研究会の組織などを活用するとともに，学年ブロックごとに原案を作成する。3) 2) で整理した学年ブロックごとの原案を持ち寄り，校内研究会を主導する先生方，例えば，研究推進委員の先生方を中心に，原案に3学年ブロックの系統性をもたせる。系統性をもたせる際には，表3-3，表3-4に示すとおり，低学年のうちは，学習対象となる事柄についての〈知識〉，中学年では，〈つながり（関連）〉や〈変化〉，高学年では，〈生活との結びつき〉に留意しながら行う，という形で進めるとよいでしょう。

　以上のように，育成すべき資質，能力を設定する際には，それをただ概念として設定するだけでなく，それらを実際の子どもの姿に関連させて整理することが重要です。それにより，教師が，子どもらの学習の様子から，一人一人の学びが深まる様相をより具体的に捉えやすくなったり，教師による学習評価を子どもの学習過程に向ける，いわば形成的評価を促したりする一助となることが期待できます。

　では，「探究的な学習」に取り組む際に，表3-3，表3-4に示した資質・能力の内容を，どのように授業づくりに役立てたらよいのでしょうか。次節では，資質・能力を踏まえた「探究的な学習」の授業づくりについて説明します。

第2部 「総合的な学習の時間」における資質・能力の評価

● 表3-3 [探究科]の学習で育成する［資質］と〈基本概念〉の学年ブロック別内容一覧

学年ブロック 資質	低学年	中学年	高学年
知識のある人 [持久性]	〈知識〉 1 物事（以下、調べているもの）の仕組みを納得するまで調べる。 2 調べているものの働きを納得するまで調べる。 3 調べているものの役割を納得するまで調べる。	〈つながり〉〈関連〉 4 調べているものの仕組みが、どのようにつながっているのかを納得するまで調べる。 5 調べているものの働きが、どのようにつながっているのかを納得するまで調べる。 6 調べているものの役割が、どのようにつながっているのかを納得するまで調べる。 〈変化〉 7 調べているものの仕組みが、どのように変化しているのかを納得するまで調べる。 8 調べているものの働きが、どのように変化しているのかを納得するまで調べる。 9 調べているものの役割が、どのように変化しているのかを納得するまで調べる。	〈生活との結びつき〉 10 調べているものの仕組みが、どのように生活に結びついているのかを納得するまで調べる。 11 調べているものの働きが、どのように生活に結びついているのかを納得するまで調べる。 12 調べているものの役割が、どのように生活に結びついているのかを納得するまで調べる。
探究する人 [好奇心]	〈知識〉 13 調べているものの仕組みについて、自分から進んで調べる。 14 調べているものの働きについて、自分から進んで調べる。 15 調べているものの役割について、自分から進んで調べる。	〈つながり〉〈関連〉 16 調べているものの仕組みについて、どのようにつながっているのかを、自分から進んで調べる。 17 調べているものの働きについて、どのようにつながっているのかを、自分から進んで調べる。 18 調べているものの役割について、どのようにつながっているのかを、自分から進んで調べる。 〈変化〉 19 調べているものの仕組みについて、どのように変化しているのかを、自分から進んで調べる。 20 調べているものの働きについて、どのように変化しているのかを、自分から進んで調べる。 21 調べているものの役割について、どのように変化しているのかを、自分から進んで調べる。	〈生活との結びつき〉 22 調べているものの仕組みが、どのように生活に結びついているのかについて、自分から進んで調べる。 23 調べているものの働きが、どのように生活に結びついているのかについて、自分から進んで調べる。 24 調べているものの役割が、どのように生活に結びついているのかについて、自分から進んで調べる。

「総合的な学習の時間」における「探究的な学習」の授業づくりとその評価について　第3章

資質＼学年ブロック	低学年	中学年	高学年
考える人 [自主性]	〈知識〉 25 調べているものの仕組みについて、学習の目的をもって調べる。 26 調べているものの働きについて、学習の目的をもって調べる。 27 調べているものの役割について、学習の目的をもって調べる。	〈つながり〉（関連） 28 調べているものの仕組みが、どのようにつながっているのか、学習の目的をもって調べる。 29 調べているものの働きが、どのようにつながっているのか、学習の目的をもって調べる。 30 調べているものの役割が、どのようにつながっているのか、学習の目的をもって調べる。 〈変化〉 31 調べているものの仕組みが、どのように変化しているのかを調べる。 32 調べているものの働きが、どのように変化しているのかを調べる。 33 調べているものの役割が、どのように変化しているのかを調べる。	〈生活との結びつき〉 34 調べているものの仕組みが、どのように生活に結びついているのかについて、学習の目的をもって調べる。 35 調べているものの働きが、どのように生活に結びついているのかについて、学習の目的をもって調べる。 36 調べているものの役割が、どのように生活に結びついているのかについて、学習の目的をもって調べる。
探究を通してコミュニケーションできる人 [協調性]	〈知識〉 37 調べているものの仕組みについて、他の人と話し合いながら調べる。 38 調べているものの働きについて、他の人と話し合いながら調べる。 39 調べているものの役割について、他の人と話し合いながら調べる。	〈つながり〉（関連） 40 調べているものの仕組みが、どのようにつながっているのか、他の人と話し合いながら調べる。 41 調べているものの働きが、どのようにつながっているのか、他の人と話し合いながら調べる。 42 調べているものの役割が、どのようにつながっているのか、他の人と話し合いながら調べる。 〈変化〉 43 調べているものの仕組みが、どのように変化しているのか、他の人と話し合いながら調べる。 44 調べているものの働きが、どのように変化しているのか、他の人と話し合いながら調べる。 45 調べているものの役割が、どのように変化しているのか、他の人と話し合いながら調べる。	〈生活との結びつき〉 46 調べているものの仕組みが、どのように生活に結びついているのかについて、他の人と話し合いながら調べる。 47 調べているものの働きが、どのように生活に結びついているのかについて、他の人と話し合いながら調べる。 48 調べているものの役割が、どのように生活に結びついているのかについて、他の人と話し合いながら調べる。

第2部 「総合的な学習の時間」における資質・能力の評価

●表3-4 「探究科」の学習で育成する「能力」と〈基本概念〉の学年ブロック別内容一覧

能力＼学年ブロック	低学年	中学年	高学年
知識のある人【理解力】	〈知識〉 1 調べているものの仕組みがわかる。 2 調べているものの働きがわかる。 3 調べているものの役割がわかる。	〈つながり〉（関連） 4 調べているものの仕組みが、どのようにつながっているのかがわかる。 5 調べているものの働きが、どのようにつながっているのかがわかる。 6 調べているものの役割が、どのようにつながっているのかがわかる。 〈変化〉 7 調べているものの仕組みが、どのように変化しているのかがわかる。 8 調べているものの働きが、どのように変化しているのかがわかる。 9 調べているものの役割が、どのように変化しているのかがわかる。	〈生活との結びつき〉 10 調べているものの仕組みが、どのように生活に結びついているのかがわかる。 11 調べているものの働きが、どのように生活に結びついているのかがわかる。 12 調べているものの役割が、どのように生活に結びついているのかがわかる。
探究する人【比較・類推力】	〈知識〉 13 調べているものの仕組みについて、自分と他の人の考えを比べて予想することができる。 14 調べているものの働きについて、自分と他の人の考えを比べて予想することができる。 15 調べているものの役割について、自分と他の人の考えを比べて予想することができる。	〈つながり〉（関連） 16 調べているものの仕組みが、どのようにつながっているのかについて、自分と他の人の考えを比べて予想することができる。 17 調べているものの働きが、どのようにつながっているのかについて、自分と他の人の考えを比べて予想することができる。 18 調べているものの役割が、どのようにつながっているのかについて、自分と他の人の考えを比べて予想することができる。 〈変化〉 19 調べているものの仕組みが、どのように変化しているのかについて、自分と他の人の考えを比べて予想することができる。 20 調べているものの働きが、どのように変化しているのかについて、自分と他の人の考えを比べて予想することができる。 21 調べているものの役割が、どのように変化しているのかについて、自分と他の人の考えを比べて予想することができる。	〈生活との結びつき〉 22 調べているものの仕組みが、どのように生活に結びついているのかについて、自分と他の人の考えを比べて予想することができる。 23 調べているものの働きが、どのように生活に結びついているのかについて、自分と他の人の考えを比べて予想することができる。 24 調べているものの役割が、どのように生活に結びついているのかについて、自分と他の人の考えを比べて予想することができる。

第3章 「総合的な学習の時間」における「探究的な学習」の授業づくりとその評価について

能力 / 学年ブロック	低学年	中学年	高学年
考え合う人【自己調整力】	〈知識〉 25. 調べているものの仕組みについて、学習の目的を踏まえて考えることができる。 26. 調べているものの働きについて、学習の目的を踏まえて考えることができる。 27. 調べているものの役割について、学習の目的を踏まえて考えることができる。	〈つながり（関連）〉 28. 調べているものの仕組みが、どのようにつながっているのかについて、学習の目的を踏まえて考えることができる。 29. 調べているものの働きが、どのようにつながっているのかについて、学習の目的を踏まえて考えることができる。 30. 調べているものの役割が、どのようにつながっているのかについて、学習の目的を踏まえて考えることができる。 〈変化〉 31. 調べているものの仕組みが、どのように変化しているのかについて、学習の目的を踏まえて考えることができる。 32. 調べているものの働きが、どのように変化しているのかについて、学習の目的を踏まえて考えることができる。 33. 調べているものの役割が、どのように変化しているのかについて、学習の目的を踏まえて考えることができる。	〈生活との結びつき〉 34. 調べているものの仕組みが、どのように生活に結びついているのかについて、学習の目的を踏まえて考えることができる。 35. 調べているものの働きが、どのように生活に結びついているのかについて、学習の目的を踏まえて考えることができる。 36. 調べているものの役割が、どのように生活に結びついているのかについて、学習の目的を踏まえて考えることができる。
探究を通してコミュニケーションできる人【調和的表現力】	〈知識〉 37. 調べているものの仕組みについて、他の人が納得するように自分の考えを表現することができる。 38. 調べているものの働きについて、他の人が納得するように自分の考えを表現することができる。 39. 調べているものの役割について、他の人が納得するように自分の考えを表現することができる。	〈つながり（関連）〉 40. 調べているものの仕組みが、どのようにつながっているのかについて、他の人が納得するように自分の考えを表現することができる。 41. 調べているものの働きが、どのようにつながっているのかについて、他の人が納得するように自分の考えを表現することができる。 42. 調べているものの役割が、どのようにつながっているのかについて、他の人が納得するように自分の考えを表現することができる。 〈変化〉 43. 調べているものの仕組みが、どのように変化しているのかについて、他の人が納得するように自分の考えを表現することができる。 44. 調べているものの働きが、どのように変化しているのかについて、他の人が納得するように自分の考えを表現することができる。 45. 調べているものの役割が、どのように変化しているのかについて、他の人が納得するように自分の考えを表現することができる。	〈生活との結びつき〉 46. 調べているものの仕組みが、どのように生活に結びついているのかについて、他の人が納得するように自分の考えを表現することができる。 47. 調べているものの働きが、どのように生活に結びついているのかについて、他の人が納得するように自分の考えを表現することができる。 48. 調べているものの役割が、どのように生活に結びついているのかについて、他の人が納得するように自分の考えを表現することができる。

3 資質・能力を踏まえた「探究的な学習」の授業づくりの実際

(1) 各学年ブロックではぐくむ資質と能力の構造

筆者ら（梶井・後藤・宮澤・鄭，2017）は，表3-3および表3-4に示す，附属大泉小学校の「探究科」で育成する資質・能力の項目（計96項目）に即した子どもらの学習の振り返り（自己評定）の結果に基づいて，それぞれの資質・能力が探究的な学びの中でどのように関係し合っているのかを調べました。

分析の結果，概して「探究科」の学習では，一つ目に，資質は「持久性」に向けてはぐくまれ，一方，能力については「自律的思考力」に向けてはぐくまれていること，二つ目に，資質の育成に際しては，「協調性」「自主性」「好奇心」がそれを支えるものとして必要となること，三つ目に，能力の育成は，「理解力」を基盤に，「自律的思考力」と「調和的表現力」を一体化させ，系統的に取り組むことが重要であることが，それぞれ示唆されました（表3-5）。

また，本研究の対象となった「探究科」の学習における資質と能力の取り扱いについては，最終的にはぐくむ，学習の「目的」としての資質・能力と，それをはぐくむための「手段」に相当する資質・能力とを，意図的に区別して扱うことが，実践に取り組むうえで重要であることが併せて示唆されました。

「探究的な学習」の授業づくりに取り組む際には，表3-5の内容を参考にするとよいでしょう。具体的には，例えば，低学年の能力については，1) 単元を通じて「自分と他の人の考えを比べて予想する」「学習の目的を踏まえて考える」といった「自律的思考力」を育成することを到達目標にします。2) そして，この「自律的思考力」を育成する過程においては，「他の人が納得するように自分の考えを表現する」といった「調和的表現力」をはぐくむ学習活動に取り組むことを通して，「調べているものについてわかる」という「理解力」を確かにするといった学習指導計画を立てることが有効となるでしょう。

(2) 形成的評価を促すルーブリックの活用

従来，「総合的な学習の時間」の学習評価の方法の一つとして，学習の観点と観点ごとの到達度を明記した「ルーブリック」（学習到達度を観点ごとに示す評価規準表，第1章の21ページの表1-1をご参照ください。）を用いた評価実践とその研究が，数多く行われてきました。これまでのところ，ルーブリックを用いた評価実践，研究の主な成果の一つとして，学習評価の観点（規準）

●表3-5 「探究科」の学習ではぐくむ学年ブロックごとの資質と能力の構造

	資　質	能　力
低学年	・持久性 　どのように生活に結びついているのか納得するまで調べる 　どのように変化しているのか納得するまで調べる	・自律的思考力（比較・類推力＋自己調整力） 　自分と他の人の考えを比べて予想することができる 　学習の目的を踏まえて考えることができる
	・自主的協調性，持久的協調性 　学習の目的をもって（自主的）話し合いながら調べる 　納得するまで（持久的）話し合いながら調べる	・理解力 　調べているものについてわかる ・調和的表現力 　他の人が納得するように自分の考えを表現することができる
中学年	・協調性 　他の人と話し合いながら調べる ・持久性 　納得するまで調べる	・調和的表現力 　他の人が納得するように自分の考えを表現することができる
	・自主性 　学習の目的をもって調べる ・好奇心 　自分から進んで調べる	・自律的思考力 　自分と他の人の考えを比べて予想することができる 　学習の目的を踏まえて考えることができる ・理解力 　調べているものについてわかる
高学年	・持久性 　納得するまで調べる	・自律的思考力 　自分と他の人の考えを比べて予想することができる 　学習の目的を踏まえて考えることができる
	・協調性 　他の人と話し合いながら調べる ・好奇心 　自分から進んで調べる	・調和的表現力 　どのように生活に結びついているのか 　他の人が納得するように自分の考えを表現することができる 　調べているものの仕組みについて 　他の人が納得するように自分の考えを表現することができる ・理解力 　調べているものについてわかる

（梶井・後藤・宮澤・鄭, 2017）

と各観点の到達度（基準）を，教師と子どもが共有するための有効な手段と成り得ることが指摘されています。

　また，ルーブリックを用いた学習評価実践は，教師と子どもが互いに学習目的を確認し合いながら作り上げていくといった，相互に能動的な活動であることに加え，子どもの主体的な学びを促す可能性が指摘されており，近年，このルーブリックを取り入れた授業づくりがいっそう注目されています。

　以上のことから，「探究的な学習」の評価方法にもルーブリックを活用することを勧めます。その理由は，

一つに，目的意識，方法意識，成果意識を関連づけられる　…わかる（習得）
二つに，方法の有用性に気づく　…できる（活用）
三つに，達成（成功）経験に基づいて，学習意欲が高まる　…使える（探究）

といったそれぞれの効果が子どもたちに期待できることから，主体的な学びをはぐくむのに有効であると判断するためです。

　ところで，従来の学習評価場面において使用されてきたルーブリックの多くは，学習単元後の子どもの姿を想定した，いわゆる単元を貫くルーブリックでした。これに対し近年では，子どもの学習成果のみならず，成果にいたる学習過程をていねいに評価する，形成的評価についての研究が盛んに行われています。そこで，本章では，「探究的な学習」における，子どもの学習過程に即した，形成的評価を促すルーブリックの作成のポイントについて，筆者らが取り組んできた附属大泉小学校での「探究科」の学習についての共同研究の成果をもとに説明します。なお，附属大泉小学校で使用しているルーブリックそれ自体の詳細については，第4章で詳しく紹介します。

　「探究的な学習」において，子ども主体の形成的評価を実現させるためには，あらかじめ教師が，ルーブリックに示した評価規準と基準を，学習過程，例えば，「調べ学習についての見通しをもつ」「調べ学習に取り組む」「調べ学習の成果をまとめる」「調べ学習の成果を発表する」のような，いくつかの過程のそれぞれに適用させる必要があります。すなわち，子どもらに，学習に「見通しをもつ」「取り組む」，学習の成果を「まとめる」「発表する」といった過程ごとに，目的意識や方法意識，成果意識をもたせることが，形成的評価の能力をはぐくむうえで必要不可欠となるのです。

「総合的な学習の時間」における「探究的な学習」の授業づくりとその評価について 第3章

　形成的評価を促すルーブリックを作成する際のポイントを示すために，図3-2に示す附属大泉小学校の第4学年の「探究科」の学習，「富浦フリータイム学習」（千葉県富浦町における移動教室での学び）で使用されている，学習過程を踏まえた形成的評価を促すルーブリックの概要と，そこに取り入れられている3つの特徴を説明します。

　図3-2は，「富浦フリータイム学習」の第1過程，「学習についての見通しをもつ」，いわゆる「テーマの設定」の過程のルーブリックの概要です。このほかに，「現地の学習を踏まえたテーマの再設定」の過程と，「ポスター発表に向けた準備」の過程についてのルーブリックも作成されています（第4章もご参照ください）。

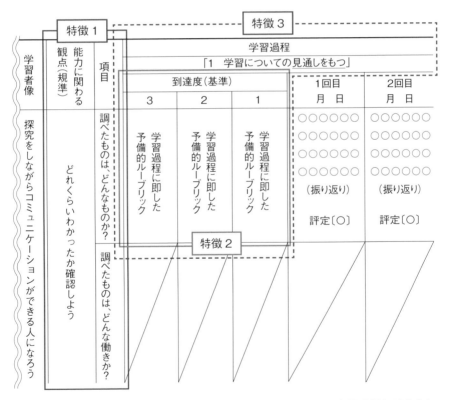

●図3-2　第4学年「富浦フリータイム学習」で使用されている学習過程を踏まえた形成的評価を促すルーブリックの概要と3つの特徴

このルーブリックの一つ目の特徴として，まず特徴1の枠で囲んだとおり，能力のうち「理解力」に関わる学習指導・評価観点を縦に規準（ノリジュン）として記載しています。

次に二つ目の特徴として，特徴2の枠で囲んだとおり，横に，各観点・規準（ノリジュン）についての到達度・基準（モトジュン）を書き込む欄を設けています。

そして三つ目の特徴として，特徴3の枠で囲んだとおり，「探究的な学習」の中の学習過程ごとに，能力に関わる規準（ノリジュン）と基準（モトジュン）を記しています。

前述のように，学習過程を踏まえた形成的評価を促すルーブリックの作成にあたっては，単元を通して育成したい資質・能力を明らかにしたうえで，育成したい資質・能力を学習過程ごとに見直し，規準および基準の点から再設定すること，その際，各過程で重点をおく観点（規準）を意識することが重要となります。

そして，学習過程を踏まえた形成的評価に取り組む際には，本稿で示した，「テーマの設定」「現地の学習を踏まえたテーマの再設定」「ポスター発表に向けた準備」といった学習展開の重点を設定することが必要条件となるとともに，展開ごとに重点をおく観点（規準）の到達度（基準）を，できるかぎり具体的な学習活動例を示しながら明記することが大切となるのです（詳しくは，第4章をご参照ください）。

4 まとめ

以上に述べてきたように，「総合的な学習の時間」における「探究的な学習」の授業づくりにあたっては，

1）その学習単元を通してどのような子どもを育てたいのかを，具体的な子どもの姿として明らかにする。
2）1）で明らかにした子どもの姿に備わる資質・能力を，そのような資質・能力を備えた子どもの姿としてさらに具体的に想像する。
3）2）で想像した資質・能力を備えた子どもの姿を，例えば，「テーマの設

定」「現地の学習を踏まえたテーマの再設定」「ポスター発表に向けた準備」といった学習過程ごとに，各過程で育てる資質・能力を備えた子どもの姿として，分析的かつ具体的に想像する。
4）3）で想像した，各学習過程で育てる資質・能力を備えた子どもの姿を，規準および基準，すなわちルーブリックを用いて整理する。

このことが大切になります。

それにより，子ども主体の「探究的な学習」といった，いわば問題解決型学習で育てる資質・能力が，それを備えた子どもの姿として明確にすることが可能となり，子どもありきの真の学習評価を実現することが可能になるのです。

（引用文献）
梶井　芳明・後藤　由季奈（2017）．学習指導要領と国際バカロレア教育の教育理念の融合のさせ方に関わる探索的調査研究（1）――「探究科」の学習で育てる学習者像とそれに育成する資質・能力の検討――日本教育心理学会第59回総会発表論文集，616.
梶井　芳明・後藤　由季奈・宮澤　芳光・鄭　谷心（2017）．学習指導要領と国際バカロレア教育の教育理念の融合のさせ方に関わる探索的調査研究（2）――「探究科」の学習で育てる学習者像とそれに育成する資質・能力の構造の検討――教育目標・評価学会第28回大会発表要旨集録，43-44.
国際バカロレア機構（2016）．PYPのつくり方――初等教育のための国際教育カリキュラムの枠組み――Retrieved from　https://www.ibo.org/contentassets/93f68f8b322141c9b113fb3e3fe11659/pyp-making-the-pyp-happen-jp.pdf（2018年3月1日）
国立教育政策研究所（2011）．総合的な学習の時間における評価方法等の工夫改善のための参考資料（小学校）国立教育政策研究所　教育課程研究センター　Retrieved from http://www.nier.go.jp/kaihatsu/hyouka/shou/01_sho_sougou.pdf（2018年3月1日）
後藤　由季奈・鄭　谷心・宮澤　芳光・梶井　芳明（2016）．小学校国際理解教育におけるコミュニケーションに関する資質・能力の検討　日本教育工学会第32回全国大会講演論文集，565-566.
文部科学省（2008a）．小学校学習指導要領　東京書籍
文部科学省（2008b）．小学校学習指導要領解説　総合的な学習の時間編　東洋館出版社

第4章 「総合的な学習の時間」におけるパフォーマンス評価の活用

鄭 谷心

1 はじめに

　1998年に「生きる力」の理念が提示されてから20年がたち，この間，多くの教育実践や教育研究の知見が蓄積されました。そして，2020年度より小・中・高等学校で順次実施される新学習指導要領では，「生きる力」の理念が継承された形となり，その中身も社会の変化に応じてより豊かなものになっています。そうしたなかで「総合的な学習の時間」は，探究的な見方・考え方（各教科等における見方・考え方を総合的に活用して，広範な事象を多様な角度から俯瞰して捉え，実社会や実生活の文脈や自己の生き方と関連付けて問い続けること）を働かせながら，課題を見いだし解決する能力，社会参画の態度，探究心などを育成する時間と位置づけられ，実社会で生きる力としての資質・能力の育成のうえでも，カリキュラム・マネジメントを通じた教科横断的な学びを実現するうえでも，まさに扇の要となる重要な科目ということができます。

　しかし，「総合的な学習の時間」で育成する力は，ペーパーテストで測れな

いものばかりであり，子どもたちの知識・理解や思考の質をどれだけ高めることができたのか，それを示す証拠をどのように集めるのか，学習についての振り返りに子どもたちをどのように取り組ませるのか，といったことをそれぞれの教師が深く考えていく必要があります。そのため，「総合的な学習の時間」では，ポートフォリオ評価法を代表とする「パフォーマンス評価」の方法が重宝されるようになりました。

そこで本章では，パフォーマンス評価に焦点をあて，特にその重要な評価ツールである「ルーブリック」作成の方法や考え方を，著者らの実践を例にして説明していきます。なお，本章では「評価」を，学期末などに行う総括的評価のことだけでなく，教師や子どもたち自身が学びの状況を把握し，次の学びに生かしていく形成的評価のことと捉え，それを中心に説明していきます。

2 パフォーマンス評価とは

パフォーマンス評価はperformance assessmentの訳語であり，それについてアメリカの教育者であるスティギンス（Stiggins, 1987）は，「学習者が既に獲得した知識やスキルを活用して新しい問題を解決したり，特定の課題を遂行したりするための一連の試みを評価するもの」と定義しています。パフォーマンス評価は，1980年代後半のアメリカにおける州政府によるトップダウンの「標準テスト」への批判とそれに基づく反省から，「真正の評価」論における代表的なものとして提案されました（Hart, 1992　田中監訳2012）。「真正の評価」論では，「もし学ぶ価値のあるものであれば，それは評価する価値のあるものだ」として，いずれ忘れ去ってしまう断片的な知識やある種の推論のパターンを教えるだけではなく，それらを総合的に使いこなすことができるような本物の資質・能力を児童生徒に育成・評価していかねばならないとされています。

日本の場合，「パフォーマンス評価は，知識を応用・活用・総合することを要求する『真正の課題』に挑戦させ，実際の完成作品を生み出させたり，実演を行わせることによって，児童生徒の理解の様相を把握しようとする方法」であるとされています（田中，2008）。それは児童生徒に「現実の世界からの挑戦や問題を模した課題」である「真正な課題」に挑ませることによって，「五

感で表現される学習の豊かな様相」を把握する営みであり，教育者はそのような評価方法を創意工夫することが求められていると言えます。パフォーマンス評価は，すでに算数や社会などさまざまな教科の中で実践されていますが（西岡，2009），一方で，汎用的スキルを含めた資質・能力を育成する「総合的な学習の時間」との親和性の高さも示されています（鄭・宮澤・関口，2018）。

そうしたパフォーマンス評価の方法は，学習活動についての単純な自由記述式の設問や実技テストから，「真正な課題」としてのパフォーマンス課題による評価，プロジェクトを用いた複雑な指導と評価のプランおよびそれらをすべて1冊のファイル等に収めることができるポートフォリオ評価法まで，実に多岐にわたっています。いずれにも共通しているのは，伝統的なテストのように○×で採点できることは少なく，教師による質的な判断が求められるという点です。このためパフォーマンス評価では，後で詳しく述べる「ルーブリック」と呼ばれる評価基準表を用いることが重要になります。

以上，パフォーマンス評価について簡単に説明しましたが，「総合的な学習の時間」における汎用的な資質・能力をはぐくむパフォーマンス評価を行うためには，評価の方法や手段だけではなく，その趣旨や理念を常に念頭におくことが重要になるでしょう。

3　東京学芸大学附属大泉小学校を例にした探究的な学び

以下では，著者らが東京学芸大学附属大泉小学校（以下，附属大泉小学校）との共同研究で行った，総合的な学習の時間における探究の学びの評価の実践例をもとに，そこで用いたルーブリック作成のプロセスを中心に説明していきます。そのために，まず附属大泉小学校の探究の学びがどのようなものかを説明します（第3章も参照してください）。

附属大泉小学校は，PYP（Primary Years Programme）と呼ばれる3歳から12歳までの子どもたちを対象とした国際バカロレア（IB）の教育理念と学習指導要領とを融合した新しい教育課程の構築を2015年度からめざしています。

国際バカロレア・PYPの探究プログラムは，子どもの年齢に関係なく，探究する価値があるとみなされる教科の枠を超えた6つのテーマ（例：私たちは

どのよううな場所と時代にいるのか）で表されます（図4-1）。

　附属大泉小学校では，図4-1に示したPYPの6つのテーマを参考に，学年ごとに独自の「中心的アイディア」（Central Idea 例：自然の仕組みを知ることで，人間は生活の仕方を工夫してきた）を設定し，それに向かう「探究の単元」を「総合的な学習の時間」の中に設けました。

　そして，教科融合型の探究を行うには，「総合的な学習の時間」だけでは不十分であり，教科・領域の枠を超えた探究的な学びと結びつけるために，子どもたちがもつべき視点として，「形式」などの8つの「基本概念」（Key Concepts）を設定し，それを手がかりに総合的な学習を展開することとしました（図4-2）。その際，附属大泉小学校では，これらの8つの基本概念を，その本質を表す「問い」に変換することで，子どもたちの学びにおける気づきや問題発見力の形成を促そうとしました。例えば，「形式」という抽象的な言葉を子どもたちに示しても，そのままでは意味が通じません。そこで，「それはどのようなものか」という問いに変換することで，子どもの興味・関心を引き出し，物事の見方・考え方の形成を促せるようにしたということです。

　このように，探究的な学びが教科横断的な性質を有するためには，それに取

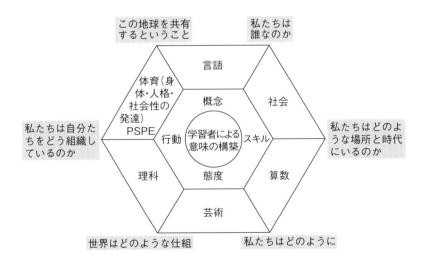

●図4-1　6つのテーマを含んだPYPの基本要素（国際バカロレア機構，2016）

第2部 「総合的な学習の時間」における資質・能力の評価

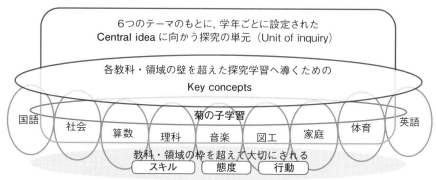

●図4-2 附属大泉小学校における探究的な学びのモデル
「大泉の国際教育」東京学芸大学附属大泉小学校研究発表会資料，2016年1月23日，p.3。

り組む際に、さまざまな教科・領域に共通の「基本概念」のような視点が求められるようになります。新学習指導要領では、カリキュラム・マネジメント、すなわち「各教科等の教育内容を相互の関係で捉え、学校教育目標を踏まえた教科等横断的な視点で、その目標の達成に必要な教育の内容を組織的に配列していくこと」の重要性が強調されていますが、附属大泉小学校における探究的な学びは、それを先駆けて実践したものと言えるでしょう。

4 「総合的な学習の時間」における学習シートの活用

著者らは、この附属大泉小学校の「総合的な学習の時間」のうち、4年生を対象にした探究の単元「富浦フリータイム学習」（千葉県富浦町における移動教室での学び）を対象として、子どもたちの資質・能力やその成長の姿を捉える方法について検討しました。そして、そのためのツールとして、74ページに図4-5として示す「学習シート」を最終的に作成しました。

学習シートは、子どもたちの学習の様子や思考の中身を捉えやすくするための最も有効な学習材です。また、子どもたちに認知の中身を表出させることで

知識・理解の定着が促進され，さらには，自分たちの学びを学習後に振り返る際のよりどころにもなります。この学習シートにはさまざまな特徴がありますが，最も重要なのは，獲得した理解の中身について，その質を捉えるための子どもたち自身による「自己評価ルーブリック」が用意されている点です。そのメリットとして，子どもたちがよりどころをもって自己評価ができるようになり，教師にとっても指導の見通しをもって授業を展開することができることがあげられます。そこで次節以降は，具体的な実践例を通して，ルーブリック開発の手順と注意点について述べていきます。

5 ルーブリックの活用

1 ルーブリックの必要性

　2016年，「総合的な学習の時間」にあたる「富浦フリータイム学習」では，「自分にとって価値ある体験をして，特ダネ発表をしよう！」というパフォーマンス課題を設定しました。これは，「自然の仕組みを知ることで，人間は生活の仕方を工夫してきた」という中心的アイディアを子どもたちに理解させるために，社会科，国語科，理科，「総合的な学習の時間」で連携し，一連の学習活動を想定して行うものでした。

　より具体的に説明すると，社会科では，子どもたちに地図帳の見方を習得させ，富浦の名産品を見つけさせる学習活動があった。また国語科では，自分のテーマを解決するための効果的な質問の投げかけ方について考えさせました。そして，「富浦フリータイム学習」では，興味のある1つの特産品について詳しく調べて，自分なりのテーマをもとに現地体験活動を通して特ダネを見つけさせました。ここには，理科で学んだ春の植物や生き物についての知識を総合的な学習に生かそうという意図がありました。

　また，同校研究推進会の大出幸夫教諭は「ただ体験してよかったことではなく，考えが広がったり深まったり，生活の中に結びつけられたりしたことのように質を高めてほしい」と，パフォーマンス課題を設定する際の重点目標について説明しています。こうしたさまざまな知識とスキルを総合して使いこなす

ことを要求するようなパフォーマンス課題の成果を評価するには，従来の観点のみによる目標設定だけでは，子どもたちの考えの広がりや深まり，あるいは，生活との結びつけの実態を適切に捉えることができません。目標に向かい変化する子どもたちの姿とは具体的にどのような姿なのか，それを段階的に表す「ルーブリック」（評価基準表）が必要になってきます。

2 ルーブリックとは

ルーブリックとは，例えば，表4-1ように，教師が育成したい学習者像とそれがもつべき資質・能力を自分の中で定め，それに対応した「理想の子どもの姿」（大変よくできた），「ここまで達成したら合格だろうという姿」（おおむね満足），「まだまだ学習がたりないときの姿」（努力が必要）のそれぞれを明確にすることで，一人一人の子どもを共通の基準で同じように評価できるようにしたもののことです（子どもの実態に合わせて3段階ではなく，4段階や5段階にルーブリックを改訂していく場合もあります）。

こうした評価に用いるルーブリックを授業中に子どもたちに示したり，説明したりすると，子どもたちに学習の見通しをもたせることができ，教師がね

●表4-1 ルーブリックの例

資質・能力	尺度（評点，レベル）	記述語＝評価項目と内容（パフォーマンスの特徴）
目標設定力	3 大変よくできた	経験やさまざまな資料をもとにして，自分の学習目標を作り出し，その価値を自覚している。
	2 おおむね満足	経験やさまざまな資料をもとにして，自分の学習目標を作り出している。
	1 努力が必要	いくつかの学習目標のなかから，自分の目標を選んでいる。
自己評価力	3 大変よくできた	自分の学習を振り返り，計画通りに進んでいるか否かを判断している。自己の活動が計画通りに進んでいない場合，どのように修正すべきか改善策を立てている。
	2 おおむね満足	活動したことを中心に自分の学習を振り返り，よかった点だけではなく，次にしたいことや改善すべき点を見出している。
	1 努力が必要	活動したことを中心に自分の学習を振り返り感想のみを書いている。

らった学習効果の向上につながります。その際，注意すべきことは，対象となる子どもたちにもわかるような言葉を選ぶことです。例えば，4年生を対象に「関連・影響」のルーブリックについて説明する際には，「素材と特ダネの関連とは？」「自分が受けた影響とは？」という問い方ではなく，「素材を学んだ知識・内容と結びつけて考えたら，どんなことがわかる・できるのか」「友達との関わりによって自分がどう成長・変化したのか」と問うたほうが，発問の意図やねらいがより明確に伝わるでしょう。そうすることで，子どもの興味・関心をうまく引き出し，学習活動がいちだんと展開しやすくなります。

3　リフレクションカードの活用と注意点

　しかし，子どもたちの姿を適切に評価したり，学習の見通しの提示や子どもたちの自己評価に活用可能なルーブリックは，そう簡単に作ることができるものではありません。例えば，実際に，附属大泉小学校では，2016年の「富浦フリータイム学習」の実践において，リフレクションカード（Reflection Card）という学習シートが作成・導入されていました。リフレクションカードは，おもに次の3項目から構成されました（図4−3）。①探究的な学びにおける5つの項目（基本概念：「原因・仕組み」，「機能・役割」，「関連・影響」，態度：「好奇心」，「自立」），各項目に②4段階のルーブリックつきの「自己評価」欄，③振り返りを求める自由記述欄です。

　このリフレクションカードは，それぞれの基本概念を探究的な学びの流れにそった学習活動の中で位置づけた点と，子どもたちに自己評価しやすいように，ルーブリックと学習シートを1つに収めることができた点において，よく考えられたものと言えます。しかし，問題点を次のように指摘することもできます。

　1点目は，基本概念についてです。リフレクションカードでは，総合的な学習の時間におけるいままでどおりの調べ学習との対応関係をもたせることができました（例えば，調べる方法＝機能・役割）。その一方で，理解の深まりを促すという効果が薄まってしまいました。せっかく，探究を促す視点として核心となる基本概念を自己評価に取り入れるならば，「私たち自身」や「私たちが住む世界」についてより深い理解へと導くように考えていく必要があると思い

第2部 「総合的な学習の時間」における資質・能力の評価

ます。

2点目は、ルーブリックにおけるそれぞれの基準・レベルの違いがわかりにくいという問題です。換言すれば、「情報源が1つ以上あったか」などの量的な観点からではなく、「情報に基づいて単なる感想を書いているか、それとも根拠のある判断を下しているか」というような質的な違いを意識する必要があります。

実際のところ、いくら教師が知識や経験を生かして基準を設定したとしても、それと子どもたちの学習の実態との差が必ず出てきます。その差を埋めるためには、同僚やベテラン教師との意見交換が必要不可欠になります。

では、適切なルーブリックとはどのように作成したらよいのでしょうか。以下では、「富浦フリータイム学習」の学びの評価に対する著者らのルーブリッ

Reflection card　　／　　年　組　番　名前（　　　　　　　）
教科名（菊の子）単元名【富浦フリータイム学習】

項目	自己評価 1, 2, 3, 4のどれかに○	学べたこと、気がついたこと さらに学びたいこと
調べ活動、体験活動 友達との話し合い Causation （原因・仕組み）	1　2　3　4 1：なぜそうなるのか根きょのある理由を探せた 2：なぜそうなるのか理由を探せた 3：なぜそうなるのか理由を考えてみた 4：なぜそうなるのかの理由を先生や友達に教えてもらった	
調べる方法 Function （機能・役割）	1　2　3　4 1：調べる方法をたくさん考えた 2：調べる方法を1つ考えた 3：友達の方法をまねして考えた 4：調べる方法がわからなかった	
調べ学習の進め方 Connection （関連・影響）	1　2　3　4 1：自分の考えをどんどん関連させて広げられた（5つ以上） 2：自分の考えをどんどん関連させて広げられた（3つ以上） 3：自分の考えをつなげられた（2つ） 4：つなげて考えられなかった	
自分のテーマについて Curiosity （好奇心）	1　2　3　4 1：はじめと比べてよりくわしく変わり、自分のやることがはっきりした 2：はじめと比べてよりくわしく変わった 3：はじめよりくわしくなった 4：「○○について」のままだった	
学習の成果 Independence （自立）	1　2　3　4 1：調べ活動・体験活動が自分のテーマに合っていて納得し、解決した 2：自分で考えて行った調べ活動、体験活動により、テーマを解決した 3：自分で考えて行った調べ活動、体験活動だが、テーマは解決しなかった 4：何を調べてよいかわからず、何となく学習してしまった	

Central Idea ～自然の仕組みを知ることで、人間は生活の仕方を工夫してきた～
1：特ダネの中に、そうなった理由とどのように生活に生かしたり、工夫したりしたかをくわしく文章に書けた
2：特ダネの中に、そうなった理由か、生活につながっていうことのどちらか一方を文章に書けた
3：特ダネを文章でたくさん書けた
4：特ダネを書けた

●図4-3　富浦フリータイム学習で使用したリフレクションカード

ク作りの実践を例に，それを解説していきます。

なお，ルーブリックは，まず「予備的ルーブリック」を作り，それを評価に適用するなかで，より適切なものへ改訂することを繰り返しながら作る方法もあれば，最初から子どもたちの作品からボトムアップ的に作り上げていく方法もあります。子どもたちの実態を優先にして捉えるために，筆者らは後者のやり方からスタートし，前者へと手続きを切りかえてルーブリック作りを行いました。以降，その流れについて説明していきます。

6 子どもの実態に即したルーブリックの作成と改訂

1 学習シートにおける自由記述に基づいたルーブリック作り

ここでは，まず，子どもたちの課題に対する言動や記述，成果物などを，そこから見えてきた子どもたちの違いをもとに，ボトムアップ的にルーブリックを作成する方法を説明します。その際のおもな手順・方法を次の図4-4に示します。

前節に紹介した「富浦フリータイム学習」の授業中に使用されたリレフクションカードにおける「関連・影響」欄の自由記述（学べたこと，気がついた

Step 1	・児童生徒のパフォーマンスや成果物について，何段階の尺度で採点を行うことを確認する（例えば，小学校では指導要録と対応させるために3段階を採用）。その際，観点を決めても決めなくてもよい。
Step 2	・一つのパフォーマンスや作品に対して，少なくとも3人以上の教師・評価者が採点を行う。
Step 3	・全員一致の評価を下した成果物（例えば，子どもの自由記述）に注目して話し合う。もし意見が割れた場合，なぜその点数をつけたかという理由を述べる。
Step 4	・子どもの記述から見いだされる特徴を該当する尺度（例えば，3・2・1）に記述する。必要があれば，新しいルーブリックを用いて再採点を行う。

●図4-4　ボトムアップでルーブリックを作成するための基本的な手順（鄭, 2017）

こと，さらに学びたいこと）をもとにしたルーブリック作りを例にして説明します。著者らは，4年生の子どもの自由記述，合わせて143件を収集し，教育方法学，教育工学，教育心理学を専門とする大学教員3名に大学院生3名を加えた6名の評価者で2回にわたり検討を行いました。なお，この実践では大学教員らが検討を行っていますが，小・中・高等学校等では関連する複数の教師が協働して同様の作業を行うことになるでしょう。

　1回目の検討では，子どもの自由記述を「①内容に対する振り返り」と「②活動に対する振り返り」の2種類に分け，それぞれについて評価の観点を決めました。「①内容に対する振り返り」は，本学習の中心的アイディアが「自然の仕組みを知ることで，人間は生活の仕方を工夫してきた」であることを踏まえ，「自分が探してきた特ダネと，自然や人間の生活の工夫との関連について，意見や主張をもち，学んだ知識・内容と結びつけて具体的に述べているか」という「中心的アイディアとの関わり」を評価の観点とすることに決めました。「②活動に対する振り返り」はグループ発表による学習であることを踏まえ，「グループ発表した活動において，友達との関わりによって自分が成長・変化したことを述べているか」という「他者との関わり」を評価の観点としました。

　続いて，2回目の検討では，内容面と活動面という2つの軸に基づいて子どもたちの記述を大まかに採点し，そこから「理想」「おおむね満足」「努力が必要」と思われる子どもたちの記述がそれぞれどのような特徴をもっていたかを言葉（記述語）で表現した予備的ルーブリックを作成し，それを用いてすべての自由記述をもう一度採点しました。そして，点数が割れたものを集めて，なぜそのような採点をしたかの理由について説明し合い，最終的な点数とそれぞれの尺度における記述語の妥当性について協議を行いました。また，自由記述の特徴を全部満たすよう，記述語の修正も行いました。そこで完成した自己評価ルーブリックが表4−2になります。表4−2のルーブリックは，観点別に3段階の評価を行うように作られています。それぞれのレベルには，評価基準となる記述語と，特徴的な採点事例が書かれています。採点事例は，記述語の説明以上の質を含んでおり，ルーブリックの理解を共有するうえで重要な役割を果たします。

このようにボトムアップ的にルーブリックを作成する際には，子どもたちが書いたものや発表，成果物などをひととおり吟味し，そこにある理解や態度の違いを何らかの観点で段階化していきます。すなわち，評価と評価基準作りが並行して循環的に行われるところに，ルーブリック作成の特徴があると言えます。一方で，これまで担当したことがない授業などの場合，子どもたちの違いが明確に浮かび上がってこないこともあります。そのときは，とりあえず何人

●表4-2 「関連・影響」のグループ学習に関するルーブリック案 (鄭, 2017)

指標\尺度	内容面（特ダネ・CIとの関連）	活動面（他者との関わり）
3 理想	特ダネやCIについて，自分の意見や主張をもち，学んだ知識・内容と結びつけて関連性を具体的に述べている。 例 「友達の特ダネがどう人間の生活に関係しているか考えられたので，よかったです。特に○○君の『山をけずっていててきが登りにくいようにした』という特ダネでは，山が高いことを利用して登りにくい山をもっと登りにくくして，てきにせめられないようにしたと考えられました。」	グループ発表した活動について，友達との関わりによって自分が成長・変化したことを具体的に述べている。 例 「友達のを，たくさんつなげられました。自分のテーマは，Central Ideaとつなげにいくので，もっと調べて，たくさんCentral Ideaとつなげたいです。テーマも一目で，『自然の仕組みとつながっているな』とわかるようにしたいです。」
2 おおむね満足	①特ダネまたはCIについて，意見や主張をもっている。 例 「海の水は，生活用水になるし，クロサギのえさやクロサギじたいも，自然の生物なので，特ダネ発表会で，色々な意見などがわかりました」 ②学んだ知識・内容と結びつけて関連性を述べている。 例 「私は大だいこの中身についてが特ダネだったけれど，大だいこの仕組みがかわら屋根に関係していること，自然の仕組みを使っていることがたくさんわかりました」 上記の①か②の条件を満たしている。	①グループ発表した活動において，友達との関わりを具体的に書いている。 例 「今日は始めての発表だったけど，CIを使って発表する。またはそれ(CI)を使って説明したら友達も『わかりやすい！』と言ってくれた。」 ②グループ発表した活動によって，自分が成長・変化したことを具体的に述べている。 例 「僕は○○さんの特ダネ発表会のCentral Ideaにつなぐ文とかは初め書けなかったが，僕は書くことができる人の意見を聞いて書きました」 上記の①か②の条件を満たしている。
1 努力が必要	無記入 上記の①と②のいずれもない。	無記入 上記の①と②のいずれもない

【注】下線部の＿＿は意見や主張，＿＿は学んだ知識・内容，＿＿は友達との関わり，＿＿は成長・変化を表す。

かの記述や作品を眺めておきましょう。そうすることで、そのうちに、自分の中での判断基準が明らかになってくることが多いです。また、他の教師や評価者の理由やコメントを聞くことで、自分のもっていない視点に気づくこともあります。このことは、ルーブリック作りが教師間の主体的・対話的で深い学びを促す可能性をもつことも示唆しています。自分や他の教師がもつ潜在的な評価観が見える化されることは、新人の教師にとっても有意義な研修になることでしょう。

2　子どもの実態把握から資質・能力をベースにしたルーブリックへ

　子どもの成果物などからルーブリックを作り上げることができたら、学習指導要領に示されているスタンダードとしての育成目標、あるいは、その学校の特色として育成したい資質・能力との対応関係を明確にする必要がでてきます。教師が事前に想定した資質・能力の具体像は必ずしも子どもたちの実態と一致するとは限りません。しかしながら、それまでの実践を通じ明らかになった成果や課題と照らし合わせてみると、探究的な学習として何が大事なのかがその学校なりに浮かび上がってきます。

　附属大泉小学校の場合、「探究の単元」の授業を展開するまでに、学校の特色のあるカリキュラム開発としての異文化間理解教育、学習指導要領と国際バカロレア教育理念を融合したカリキュラム開発などに取り組んできました。それらの教育において重要とされた「異文化間対応力」は、まさに「他者と関わる力」であり、それはリフレクションカードなどの学習シートにおける子どもたちの自由記述の中に顕著に現れていました。

　一方で、子どもたちは「学習の目的を踏まえること」や「わかった事実と自分の考えを分けて考えること」などといった学習に対する目的的意識や論理的思考力の部分に課題を抱えていることも、自由記述の分析により明らかになりました。これを踏まえ、著者らはさらに、探究の学びの中でめざす子ども像を「探究をしながらコミュニケーションができる人」と設定し（第3章をご覧ください）、それを構成する力を「理解力」「自律的思考力」「調和的表現力」とし、それぞれの力を評価するための予備的ルーブリックを提案しました（表4

●表4-3 資質・能力をベースにした予備的ルーブリック（案）

児童像	項目		3（理想）	2（もう少し努力が必要）	1（努力が必要）
（仮）探究をしながらコミュニケーションができる人になろう	（理解力）どれくらいわかったか確認しよう	調べたものは，どんなものか？	下記の2つ，どちらも「はい」である。 内容：素材や特ダネについて，それがどんなものかを書いたか？ 方法：意見や主張をもち，自分の経験や事実と結びつけて根拠を述べることができたか？ 例（略）	素材や特ダネについてそれがどんなものかを書き，この内容について経験や事実を書いたか？ 例（略）	素材や特ダネについての内容以外が書かれているか？
		調べたものは，どんな働きか？	下記の2つ，どちらも「はい」である。 内容：素材や特ダネについて，それがどんな働きかを書いたか？ 方法：意見や主張をもち，自分の経験や事実と結びつけて根拠を述べることができたか？ 例（略）	素材や特ダネについてそれがどんな働きかを書き，この内容について経験や事実を書いたか？ 例（略）	素材や特ダネについての内容以外が書かれているか？
	（自律的思考力）振り返ってみよう	学習の目的を踏まえて，わかった事実と自分の考えを分けて内容を考えることができたか？	特ダネやCIについて，学習の目的を踏まえて，自分の意見や主張をもち，学んだ知識・内容と結びつけて関連性を具体的に書いたか？ 例（略）	①特ダネやCIについて，学習の目的を踏まえて自分の意見や主張をもつことができたか？ ②特ダネやCIについて，学習の目的を踏まえて，学んだ知識・内容と結びつけて関連性を書いたか？	特ダネやCIについて意見や主張，学んだ知識との関連性以外の内容が述べられているか？
		友達との活動を通して，友達の考えと比べて予想することができたか？	特ダネやCIについて，自分と他の人の考えを比較しながら自分の意見や主張をもち，学んだ知識・内容と結びつけて関連性を具体的に書いたか？ 例（略）	①特ダネやCIについて，自分と他の人の考えを比較しながら自分の意見や主張をもつことができたか？ ②特ダネやCIについて，自分と他の人の考えを比較しながら学んだ知識・内容と結びつけて関連性を述べている。	特ダネやCIについて意見や主張，学んだ知識との関連性以外の内容が書かれているか？
	（調和的表現力）友達が納得するように伝えよう	どのように生活と結びついているのかについて，友達が納得するように伝えることができたか？	どのように生活に結びついているのかについて，他の人が納得するように自分の考えを表現し，友達との関わりによって自分が成長・変化したことを具体的に書いたか？ 例（略）	①他の人が納得するように自分の考えを表現し，友達との関わりを具体的に書いたか？ 例（略） ②どのように生活に結びついているのかについて，自分が成長・変化したことを具体的に述べている。上記の①か②の条件を満たしている。 例（略）	どのように生活に結びついているのかについて友達との関わり以外の内容が書かれているか？

鄭谷心，宮澤芳光，梶井芳明「学習指導要領と国際バカロレア教育の教育理念の融合のさせ方に関わる探索的調査研究（3）―形成的評価を促すルーブリックの開発―」教育目標・評価学会第28回大会自由研究発表資料，2017年11月19日於金沢大学。

−3)。

　表4−3の予備的ルーブリックは，この時点では，あくまでも案であり，その運用については次の3点に留意する必要があります。一つ目は，目標として設定された資質・能力が複数あったとしても，それぞれの単元や授業によって重点的に育成すべき資質・能力は異なるということです。担当の教師は，1回の授業ですべての資質・能力を網羅するのではなく，児童の実態に合わせて，それぞれの授業において育成をめざし，評価を行う資質・能力を絞る必要があります。二つ目は，学習シートについてです。予備的ルーブリックをそれぞれの学習シートに埋め込む形で，子どもたちが学習や自己評価の際に参照しやすいようにする工夫が求められます。そして三つ目は，たとえ同じ資質・能力を規定したとしても，子どもたちが学習プロセスの中でどんどん変容していくことを考慮すると，資質・能力のルーブリックもどんどん改訂されなければならないということです。そうなると，教師は最初から学習の場面ごとの予備的ルーブリックを用意したほうが，授業後に修正しやすくなります。次項では，この最後の点について取り上げます。

3　学習プロセスに即したルーブリックの改訂

　ルーブリックによる評価は，単元や学期末の終了後にそれぞれの子どもたちの習得や成長の状況を把握するだけでなく，「形成的評価」の中で活用されるべきものです。形成的評価とは，指導の途中で教師や子どもたちが学習の成果を把握し，それに応じて学習活動を調整したりするなど，その後の学習を促すために行う評価のことを言います（第1章をご参照ください）。実際，新学習指導要領に関する中教審の答申（文部科学省，2016）の中でも，「評価に当たっての留意点等」として，「総括的な評価のみならず，一人一人の学びの多様性に応じて，学習の過程における形成的な評価を行い，子供たちの資質・能力がどのように伸びているかを，（中略）子供たち自身が把握できるようにしていく」ことが重要であると提案されました。また，「子供たちの学習の到達度合いを判断することにとどまり，学習支援や改善につながらない教師の評価行為は，形成的評価とは呼べない」（二宮，2015）といったように，指導と学習の改善につながらない評価行為は子どもの学習意欲を持続させることができ

ません。ルーブリックを取り入れた一連の学習シートをその時々で分析することによって、子どもの学習姿勢を含めた資質・能力の実態を把握し、次の指導や学習の改善に生かしていくことは、まさしく、形成的評価であると言えます。

　形成的評価を行うためには、使用する学習場面を限定しない汎用的なルーブリックではなく、各学年の学習者像とそれに伴う資質・能力の評価の観点を明確にしたうえで、学習プロセスの場面ごとに予備的ルーブリックを設定することが重要だと考えられます。それを受け、作成したルーブリックを組み込んだ学習シートを図4−5（74ページ）に示します。

　図4−5は、4年生の「富浦フリータイム学習」における一連の学習プロセスの2番目の場面である「現地での学習をふり返り、自分のテーマを見直してみよう」で使用した学習シートです。ほかには、場面①「自分のテーマを作ろう」、場面③「発表会へ向けてまとめていこう」のそれぞれに応じた3種類の学習シートを作成しました。

　具体的には、このシートでは、「自然と商売のつながりや、人と人とのつながりを大切にすることで、私たちは生活を豊かにしている」を中心的アイディアとした学びにおいて、第3章で述べた学習者像「探究しながらコミュニケーションができる人」を見すえ、「理解力」、「自律的思考力」、「調和的表現力」を自己評価するようになっていました。そして、理解力の評価「学ぶことの中心がどれくらいわかったか確認しよう」において、「どうつながっている？」「どのように役立っている？」という2つの視点が設定され、それぞれに対応する3段階のルーブリックとその文例が示されています。ここで重要なことは、このルーブリックが「自分のテーマを見直す」という、この場面の活動に即したものになっているという点です。同様に自律的思考力の評価「考え方を振り返てみよう」と調和的表現力の評価「友達が納得するように伝えよう」にも、それぞれの学習場面に即したルーブリックが示されています。このように、最終的に「富浦フリータイム学習」の学習シート（ルーブリック）として、育成したい学習者像に基づき、子どもたちの姿をそれぞれの学習場面に即して自己評価するものを作成することができました。

　しかし、ルーブリックの作成はこれで終わりではありません。これらの学習

第2部 「総合的な学習の時間」における資質・能力の評価

●図4-5 附属大泉小学校で実際に作成された学習シート

シートは，それぞれのシートを使った振り返りが終わるたびに，4人～5人の大学教員と研究員等が分析と採点を行い，そこに見られた子どもの実態に即して文言を修正したり，内容的妥当性を検討するなどして，改訂が行われました。このようにルーブリックは，一度作ってそれで完成というわけではなく，それを使った評価の実践の中で常に進歩していくものなのです。

4 ルーブリック作成の成果と課題

　以上の作業を経て，見えてきたルーブリック作成の成果（利点）と課題をまとめます。まず，成果として3点あります。1点目は，育成したい資質・能力に関して，子どもたちの成長していく姿が明確になったことです。今回のルーブリック作成では，①「自分のテーマを作ろう」→②「現地での学習を振り返り，自分のテーマを見直してみよう」→③「発表会へ向けてまとめていこう」といった一連の学習活動の中，他者との対話に触発されて考えを比較したり類推したりする能力や，学習の目的をもって体験したり調べたりしたうえで自分の考えを表出する能力というのが，具体的にどのような姿として現れるのかを捉えることができました。このようにルーブリックの作成を通じて，はっきりとした見通しをもって資質・能力の育成を行うことができるようになります。

　2点目は，評価を資質・能力向上のための学びにつなげられたことです。ルーブリックの基準ごとの子どもたちの特徴的な姿についての記述は，包括的である一方で，その事例が詳細に示されています。このため評価者にとって目標と子どもの実態とのすり合わせがしやすくなり，子どもにとっても合格レベルのパフォーマンスが明確で達成しやすいものになりました。これは，1点目のことができたからこそ実現できたことであり，目標に準拠した評価の効果であると言えます。

　そして3点目は，2点目の帰結として，実際に資質・能力向上への寄与がみられたことです。学習過程に即したルーブリックの開発と運用により，特に「自律的思考力」の2つの側面である「自己調整力」と「比較類推力」について，体験学習や調べ学習の展開とともに一番低いレベル1の子どもが徐々に減り，レベル2以上を達成した子どもの割合が増えていく傾向がみられました。そしてその結果，ルーブリックも，レベル2をレベル1に変更して，レベル3より

もさらに上のレベルをめざす形に改訂されました。

　一方，課題として1点あげると，主体的な学習を促すためには，子ども自身がルーブリックの改訂に参加する機会も必要だったかもしれません。これは，教師がルーブリックの作成・運用・改訂など一連の手順に習熟した後に取り組むことで，より効果的になるでしょう。探究的な学びの中で，子どもたちもルーブリック作りに参加できるようになると，先を見すえて自ら学習計画を立てるような資質・能力が子どもたちに身につくことが期待できます。

7　まとめ

　本章では，「総合的な学習の時間」において，汎用的な資質・能力をはぐくむパフォーマンス評価の方法について，ルーブリックや学習シートのあり方を中心に述べてきました。パフォーマンス評価を探究的な学びに生かしていく際には，児童にとっての公平さと信頼性を保障することが大切です。そのため，教育現場では，教師間の連携や教育評価の専門家との協働を通して，抽象的な資質・能力の観点から児童の具体的な姿まで可視化していくルーブリックの開発がますます重要になってきます。また，子どもたちの実態に寄り添うために，学習の条件や環境を整えつつ，ルーブリックを絶えず修正し，再構築する作業も必要不可欠です。これらの作業は，すでに多忙化している学校教師の負担にならないように工夫を凝らしながら行う必要があるでしょう。そのうえで，パフォーマンス評価を教科横断的な学びの質保障に資する有効的な方法として活用していくことが期待されているのです。

（引用文献）

国際バカロレア機構（2016）．PYPのつくり方――初等教育のための国際教育カリキュラムの枠組み―― Retrieved from https://www.ibo.org/contentassets/93f68f8b322141c9b113fb3e3fe11659/pyp-making-the-pyp-happen-jp.pdf（2018年3月1日）

文部科学省（2016）．幼稚園，小学校，中学校，高等学校及び特別支援学校の学習指導要領等の改善及び必要な方策等について（答申）中央教育審議会 Retrieved from http://www.mext.go.jp/b_menu/shingi/chukyo/chukyo0/toushin/__icsFiles/afieldfile/2017/01/10/1380902_0.pdf（2018年3月1日）

Hart, D. (1992) Authentic Assessment: A Handbook for Educators. NY: Dale Seymour Publications.（ハート，D．田中 耕治（監訳）（2012）．パフォーマンス評価入門――「真正の評価」論からの提案―― ミネルヴァ書房）

西岡 加名恵（2009）．パフォーマンス課題の作り方と活かし方 西岡 加名恵・田中 耕治（編）「活用する力」を育てる授業と評価 中学校――パフォーマンス課題とルーブリックの提案――（pp.8-18）学事出版

二宮 衆一（2015）．教育評価の機能 西岡 加名恵・石井 英真・田中 耕治（編） 新しい教育評価入門――人を育てる評価のために――（pp. 51-75）有斐閣

Stiggins, R. J. (1987). Design and development of performance assessments. Educational Measurement: Issues and Practices, 16, 33-42.

田中 耕治（2008）．教育評価 岩波書店

鄭 谷心（2017）．研究4 パフォーマンス評価における自己評価能力を向上させるための質的分析 「コンピテンシーの育成と評価」プロジェクト――平成28年度報告書――（pp.48-55）東京学芸大学次世代教育研究推進機構

鄭 谷心・宮澤 芳光・関口 貴裕（2018）．初等中等教育における汎用的スキルの評価の現状と課題――現職教師に対する調査の分析と考察から―― 日本教育大学協会研究年報，36，107-120．

第3部　「道徳科」「特別活動」における資質・能力の評価

第5章
「道徳科」「特別活動」における評価の現状と課題

杉森伸吉

1　はじめに

　本書第3部の冒頭にあたるこの章では，第3部の目的などについて説明します。第3部は，従来教科の外または教科横断的に存在していた，「特別活動」や「特別の教科　道徳」（以下，道徳科とする）に関する評価を，新学習指導要領のもとでどのように行えばよいのかについて困っていらっしゃる先生方が多いことをうけて，指導要録や通知表における評価や記述の指針を与えられるようにすることを目的に行った研究の成果を報告します。

　特に「道徳科」は，特別の教科として通知表等に評価を記述することになるにあたり，大くくりに，数値を用いず人格評価をしないなどの条件があるため，特に多くの先生方が具体的な指針を必要としています。そのため，ここではおもに具体的な評価の着眼点や記述の例，そして効果的な評価の記述の在り方・進め方について検討しました。

　「特別活動」の評価についても，学習指導要領や教育評価関連資料など，そ

の指針となるものはありますが，「特別活動」の実践に関する評価研究は，関連学会でも十分に行われておらず，一部の研究者が，チェックリスト法やルーブリックの活用を検討しているのみです。そこで，ここでは実際の評価場面で活用可能な評価スタンダードと評価シートを作成しました。

2 新学習指導要領における評価の方向性

「道徳科」，「特別活動」の評価の方向性について，新学習指導要領では次のように規定しています。

- 道徳科に関しては，児童生徒の学習状況及び道徳性に係る成長の様子などを継続的に把握することに努める。なお，従前と同様に，数値などの評価は行わない。
- 特別活動に関しては，他の教科等と同様に，資質・能力の育成に向けて，「人間関係形成」「社会参画」「自己実現」の3つの視点を踏まえた評価を行う。

以上のように，「道徳科」と「特別活動」は，いずれも児童生徒が集団の中で望ましい活動や思考判断ができるようになることをめざしている一方，評価については，その考え方が大きく異なります。「特別活動」が，他の教科における評価と同様に，3つの視点を踏まえた評価を行うのに対して，「道徳科」の場合は，観点別評価をせず，内容項目ではなく大くくりな評価を行い，しかも他者と比較せず，本人の成長を積極的に受けとめて，認め励ますような個人内評価が求められています。

3 「道徳科」と「特別活動」の評価の形成

「道徳科」と「特別活動」の評価を行うためには，教師が「情報をインプットする段階」，「集めた情報を処理して評価を形成する段階」，「指導要録や通知表にアウトプットする段階」という3つの段階を，必然的にたどることになります（図5－1）。そして，そのそれぞれについて「どのような情報をどう集め

第3部 「道徳科」「特別活動」における資質・能力の評価

```
┌─────────────────┐ ┌─────────────────┐ ┌─────────────────┐
│ 1. 情報収集      │ │ 2. 評価の形成    │ │ 3. 評価結果の表示 │
│  (インプット)    │ │ (プロセシング)   │ │  (アウトプット)   │
└─────────────────┘ └─────────────────┘ └─────────────────┘
```

授業者評価・自己評価・相互評価
授業プロトコル
授業観察者評価
エピソード記録（観察などによる）
パフォーマンス評価
ポートフォリオ評価
発表・発言
ノート・ワークシート
インタビュー
取り込む姿勢・実演
質問紙（アンケート）…など

新学習指導要領に準拠

道徳科の評価
特別活動の評価

教師の疑問・6章・7章の研究課題

| 1. どのような情報を
どう集めればよいのか？ | 2. どこに注目し、どう
捉えればよいのか？ | 3. どう記述すれば
よいのか？ |

●図5-1 「道徳科」と「特別活動」の評価の形成と記述の過程

ればよいのか？」「どこに注目し、どう捉えればよいのか？」「どう記述すればよいのか？」という教師の疑問と検討すべき課題が浮かび上がってきます。

より具体的には、一つ目の「情報のインプットの段階」では、教室の内外での児童生徒の発信する言語的・非言語的な情報や、教師の見取り、他の生徒などの他者からの情報など、評価のもととなる情報が非常に多様になります。この点で、「道徳科」と「特別活動」の評価は、ペーパーテストなどの学力パフォーマンスの得点をもとに成績をつけるタイプの教科とは大きく異なります。

授業者による観察（エピソードの記録、授業プロトコル、発表・発言、取り組む姿勢・実演、パフォーマンス評価、ノート・ワークシートなど）、自己評価（ポートフォリオ評価、質問紙・アンケート、インタビュー）、相互評価、など、評価の材料となるデータは実に多様であり、すべてを集めれば、かなり膨大なものになってしまうでしょう。教師の側は、こうした多様な情報の中から適切で効果的な評価の材料を選んでいかねばなりません。

また、二つ目の「評価の形成と記述の段階」では、前述のように新学習指導要領が求めるものが、「道徳科」と「特別活動」で大きく異なります。「特別活

動」では，3つの観点に基づいて評価を行うのに対して，「道徳科」では，児童生徒の学習状況や，道徳性に係る成長の様子を継続的に把握し，指導に生かすとともに，数値による評価は行わないことになっています。また，観点別で評価せず，大くくりな，かつ励ます個人内の評価としながら，個々の児童生徒が，「一面的な見方から多面的・多角的な見方に発展させているか」，「道徳的価値の理解を自分自身との関わりの中で深めているかどうか」について，評価の形成と記述の中で意識していく必要があります。そのために，収集した情報のどこに注目し，そこから児童生徒の姿をどのように捉えたらよいかが難しい問題になります。

そして，三つ目の「評価結果の表示」の段階では，特に「道徳科」の評価において，児童生徒の個人内の成長の様子をどのように文章に書き表すかに，多くの先生方が頭を悩ませていることでしょう。

4 「道徳科」と「特別活動」の評価形成と記述に関する研究

以上の課題を踏まえ，「道徳科」や「特別活動」の教育研究分野で活躍している東京学芸大学の教授陣と特別研究員が行った研究の成果が，第6章と第7章に記されています。具体的には各章をお読みいただければよいのですが，中身の濃い研究であり，一読で十分理解するのは難しいので，ここでごく簡単に，概要を紹介したいと思います。

1 「道徳科」における評価の形成と記述（第6章）

第6章（道徳科）では，まずアンケートにより，多くの学校教員が新学習指導要領のもとでどのように「道徳科」の評価をすればよいのかについて不安を抱えていることや，多角的な評価に向かっていることなどを明らかにしました。

次に実際に道徳の授業のエキスパートとして活躍されている先生方がどのように評価のベースとなる事実を収集し，どのような意図で，どのように評価に結びつけているかも含めて検討し，その結果，評価の対象・方法・表現に関する困難さを感じつつも，非常に多様な着眼点（行動，態度，ノート記述，考え

の伝え方，互いの意見の聞き合い，など）から評価を行っていること，授業ごとや長期的な評価でもさまざまな工夫をしていることがわかりました。そして，そうしたなかで先生方が，子どもたちのどのような面をよさとして見いだし，それをどのように記述しているかを整理し，それを踏まえて効果的な評価とその記述のための考え方を提案しています。

2 「特別活動」における評価の形成と記述（第7章）

　第7章（特別活動）の研究では，まず10名の教員に「特別活動」の評価でどのような点に着目しているのかなどの現状をインタビューした結果，「特別活動」を実際に評価する現場では，共通の評価規準や方法がないことが明らかになりました。そこで公開されている学習指導案の中で，評価に言及しているもの100件について，先生方が実際に評価の形成に用いる着眼点を分析し，評価規準や評価表現のもととして使えるように，それらを整理しました。

　さらにこれらの成果をもとに，先生方にとって使いやすく，しかも新学習指導要領に準拠した「東京学芸大学版特別活動評価スタンダード」と「東京学芸大学版特別活動評価シート」を作成しました。そして，このシートを用いて，「特別活動」でも中心的な役割を占めるホームルームの時間を中心に，シートによる評価を行ったところ，客観性の高さも確保しつつ，簡便に，かつ新学習指導要領にも準拠した具体的な評価ができることを示しました。

5 まとめ

　以上，新学習指導要領における「道徳科」と「特別活動」の評価の方向性を踏まえ，その課題の整理を行いました。また，次章以降の内容について概要を説明しました。「道徳科」と「特別活動」の評価をどのように行うかは，特に先生方が頭を悩ませている問題かと思います。次章以降の内容がその一助になれば幸いです。

「道徳科」「特別活動」における評価の現状と課題　第5章

第3部 「道徳科」「特別活動」における資質・能力の評価

第6章
「道徳科」の評価の考え方と用いる表現

永田繁雄
松尾直博
布施　梓
元　笑予

1 はじめに

　「特別の教科　道徳」（以下，「道徳科」）が始まり，道徳教育は新時代を迎えます。小学校は2018年度から，中学校は2019年度から「道徳科」が全面実施されました。小中学校では，これまで1958年から「道徳の時間」が特設されており，約60年間にわたりその実践が蓄積されてきました。そうした成果を継承しながらも，「特別の教科」となった「道徳科」においては，大きく変わるところがあります。その中心が，子どもたちの道徳の学びの「評価」についてであり，それをどう行うかが学校の内外から大きな注目を集めています。

　学習指導要領では，学校の教育活動全体で行う道徳教育の目標について，「自己の生き方を考え，主体的な判断の下に行動し，自立した人間として他者と共によりよく生きるための基盤となる道徳性を養う」こととしています。そのうえで，その要としての「道徳科」では，資質・能力の中核的概念である道徳性を養うため，「道徳的諸価値についての理解を基に，自己を見つめ，物事

を多面的・多角的に考え，自己の生き方についての考えを深める」学習がなされます（中学校においては「自己の生き方」は「人間としての生き方」に改められます）。これらのことからもわかるように，「道徳科」の学びは，21世紀に必要な資質・能力（特に態度・価値の側面）の学びそのものであると言えます。その成功には，他の教科と同様，子どもたちの学びをどのように評価するかが重要な役割を果たすことでしょう。しかし，「道徳科」の評価にはさまざまな戸惑いの声があるのもまた事実です。

このことを踏まえ，本章では「道徳科」の評価の考え方や工夫を紹介していきます。

2 「道徳科」の評価の特徴

1 指導要録に「道徳科」の欄が初めて作られる

2008年告示の学習指導要領においても評価についての記述があるように，いままでも「道徳の時間」について「評価」という視点がなかったわけではありません。しかし，「道徳科」が開始されると，小学校児童指導要録，中学校生徒指導要録のそれぞれに「特別の教科　道徳」の欄が設けられることになり，教員はそれぞれの児童生徒の「道徳科」における学習状況および道徳性に係る成長の様子などを記入することになります。さらに，学校で保護者に届けられる通知表には「道徳科」の記入欄を設け，子どもたちの学びの状況や姿について，それぞれの学期ごとに記入するところも多く見られるようになるはずです。これらのことが，「特別の教科」としての「道徳科」になることの大きな変化の一つです。

2 他の教科等とは評価の考え方が異なるところがある

一方で，「道徳科」は，その性質上，他の教科等とは評価の考え方が異なるところがあります。例えば，「道徳科」の評価について，新学習指導要領には，「児童（生徒）の学習状況や道徳性に係る成長の様子を継続的に把握し，指導に生かすよう努める必要がある。ただし，数値などによる評価は行わないもの

とする。」と述べられています。すなわち，子どもたちの学習状況や成長の様子について，従前と同様に「数値などによる評価は行わないもの」と明記されていることが，「道徳科」の評価の大きな特徴です。

また，新学習指導要領の解説では，「道徳的判断力などの諸様相に分節しての観点別評価は妥当ではない」「学習活動全体を通して見取ることが求められる」「個々の内容項目ではなく，大くくりなまとまりを踏まえた評価とする」「成長を積極的に受け止めて，認め，励ます個人内評価として記述式で行う」ことなどが述べられています。

そして，こうしたことを踏まえて，評価にあたっては，学習活動において児童生徒が「一面的な見方から多面的・多角的な見方へと発展しているか」「道徳的価値の理解を自分自身との関わりの中で深めているか」といった点を重視することの重要性が述べられています。

・道徳の時間→「特別の教科」である「道徳科」へ変更
・新学習指導要領が示す「道徳科」の「評価」

　児童（生徒）の①学習状況や②道徳性に係る成長の様子を③継続的に把握し，指導に生かすよう努める必要がある。ただし，④数値などよる評価は行わないものとする。

評価を進める際の基本的な考え方
○道徳的判断力などの諸様相に分節しての観点別評価は妥当ではない。
○学習活動全体を通して見取ることが求められる。
○個々の内容項目ではなく，大くくりなまとまりを踏まえた評価とする。
○成長を積極的に受け止めて，認め，励ます個人内評価として記述式で行う。

見取りと記述で重視する2つの視点
①一面的な見方から多面的・多角的な見方へと発展させているかどうか。
・様々な視点から捉える。
・自分と違う立場を理解する。
・対立する場面で取り得る行動を考えようとする。　など
②道徳的価値の理解を自分自身との関わりの中で深めているかどうか。
・登場人物を自分に置き換える。
・自分自身を振り返る。
・道徳的問題を自分のこととして考えようとする。　など

〔「解説書」（文部科学省）等より整理〕

●図6-1　学習指導要領・解説書における「道徳科」の評価の特徴

これらの「道徳科」の評価の特徴をまとめると図6-1のように示すことができます。

3 「道徳科」の評価はどのように行われているか

　一方で，こうした「道徳科」の評価をどのように行えばよいかについては，多くの先生が不安に思っています。例えば，私たちは，道徳教育に関心のある小中学校教員等200名（東京学芸大学大学で行われた「道徳授業パワーアップセミナー」の参加者）に対し，「道徳科」における評価に関する考えや印象について「強くそう思う」と感じるものすべてを選択させる質問をしていますが，その結果，5割を超える方が「道徳授業での評価の方法が難しい」「道徳授業での評価が不安だ」と回答していました（図6-2をご参照ください）。しかし，それとともに，「道徳授業での評価方法を工夫したい」も45.0％と，半数近くが回答していることから，先生方が困難に感じながらも，何とか評価に取り組もうとされている様子もうかがえます。

　こうした状況をうけて，私たちは，参考となる具体的な評価方法を整理するため，小学校，中学校の先生方へ，評価の印象や取り組みに関するアンケート

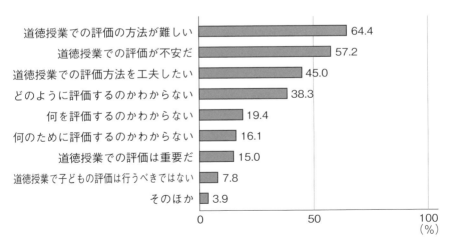

●図6-2　「道徳科」における評価についての考え・印象

やインタビューを行い，また，評価を意識した授業の学習指導案を調査しました。これからそれぞれの研究と，得られた成果について述べていきます。

1　「道徳科」の評価は，何を見て行われているか

「道徳科」では，国語や理科といった他の教科と同じようには，子どもたちの学習状況や成長の様子を評価することができません。では道徳の授業では，子どもたちの何を見て評価をしたらよいのでしょうか。

そこでまず，現在の「道徳科」において，学校の先生方は何を使って評価しているか，今後どのような評価をしたいと思っているかを，前述の道徳教育に関心をもっている小中学校教員200名にアンケートしてみました。

図6-3は，実際に取り組んだ評価の工夫についての回答（3項目までの複数回答）を分類したものです。1番多い回答は「学習プリント」で，次いで「子どもの様子の観察」となっていました。この結果に多く見られる「学習プリント」「学習ノート」等の記述資料を活用することは，子どもの取り組みを見逃さずに記録できるという意味で有効な方法だと言えます。また，子ども自身の「自己評価」を活用している教員が多い点も注目できます。自己評価の方法として，多くの教員は「自己評価シート」「振り返りカード」「振り返りアンケート」「振り返りプリント」など，子どもたち自身が書き込むことのできる

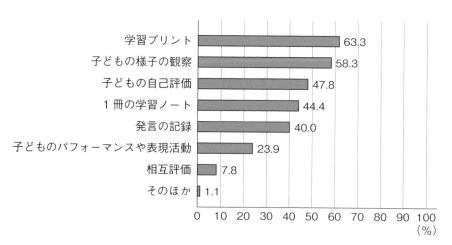

●図6-3　実際に取り組んだ評価の工夫について

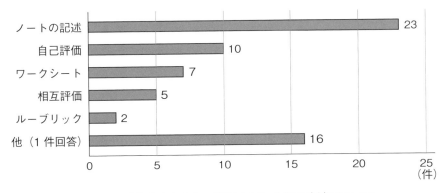

●図6-4　今後生かしたい（使いたい）と思う方法について

回答シートを作り，そこに尺度によるチェックを含めるなどして，書かれた内容を評価に活用しているようです。

図6-4は，今後生かしたい（使いたい）と思う方法について，自由記述の回答を整理したものです。「ノートの記述」「自己評価」「ワークシート」などが多くあげられていましたが，これらに分類されない「他（1件回答）」が多いことも注目できます。それぞれを見ると，例えば，「発言の記録」，「他教師からの評価」，「聞き取り調査」，「ICTの活用」などが回答されています。このことからは，記述に頼ること以外の多様な評価方法の可能性に着眼して，多角的な方法を生かした評価を行おうとしていることがわかります。

2　ベテラン教師は「道徳科」の評価をどのように行っているか

さらに，「道徳科」の評価がどのように行われているかをより具体的に知るために，道徳授業を日ごろから深く研究している小学校教員10名にインタビューを行いました。具体的には，(1)「授業における子どものよさとして何に注目しているか」，(2)「評価においてどのような工夫をしているか」，(3)「評価を記述する際に何をポイントとして考えているか」について質問しました。この(1)～(3)の質問について，次にあげるそれぞれの回答内容やそれを整理したものからは，「道徳科」の評価をどのように行ったらよいかを考えるうえで，種々の貴重な知見が得られるのではないかと考えました。

(1) 授業における子どものよさとして何に注目しているか

「道徳科」の評価の難しさは，子どもの何を評価したらよいのかという評価対象の曖昧さがあります。では，インタビューに答えてくれた先生方は，子どものよさとして何に注目しているのでしょうか。以下，代表的な回答を紹介します。

◎価値の捉え方の変化・深まりに注目する

「授業の最初と最後の変化を通じて，もしくは変わらなかったことにも注目して，子どもたちのよさを見取りたいと思っています。」

◎行動での現れに注目する

「1つは自分の意見。考えたことを発言できるとか，自分で表出できるとか，そのことが変化としてわかるというのが，授業中感じられる子どもの成長なのかと思います。」

◎ノート等での記述の成長に注目する

「授業ノート，ワークシートとか，子どもたちに書かせた文章など，書いたものからは成長がよくわかるというか，感じることができます。その3つから子どものさまざまなよさを感じています。」

◎自己の振り返りに注目する

「例えば，思いやりや親切についての学習をしたときに，いままでの自分を振り返って，自分の弱さやできなかったことについて，あのときはこうだったんだけど，今日の学習を通してこういうふうにすればよかったなとか，これからこうしていこうって思ったことが書ける，または話すことができるようになるところに成長を感じます。」

これらのインタビュー内容には，先生方の評価の着眼の広さを感じるとともに，評価の際に参考となる，多くの示唆が含まれていると言えます。

(2) 評価においてどのような工夫をしているか

この点に関する質問では，先ほどの質問紙調査よりもさらに深く切り込む視点から，「授業ごとの評価の工夫」と，「複数時間や年間を通した長期的な視点での評価の工夫」の両面を聞き取りました。

「授業ごとの評価の工夫」には，図6－3，図6－4でも見られた記述（ノート，ワークシート，アンケート），発言，自己評価などのほかに，座席表に子

どもの様子や行動の記録を記述する，ネームカードを黒板に貼ることで，子どもの立場や考えを整理する，役割演技（ロールプレイ）で考えや思いを表出させるなどの回答も得られ，言語化が苦手な子どもも見取ることができる工夫を含めて，先生方が方法の幅を広げていることがわかります。

このうち，例えばA先生は，「毎時間の授業の中で，自分は子どもたちに道徳ノートというものを作らせています。いまは，B5のプリントが貼れる大きさのノートを使っていて，それに授業のプリントを貼ったり，黒板を写真に撮ったものを後でノートに貼ったりとかして，自分なりのノートを作らせるのを評価の工夫として行っています。ただし，授業の黒板の写しが評価になるわけじゃなくて，そういう中に自分で考えたことが書いてあったりとか，振り返りの中で，授業を通して自分が考えたことが記述されていたりするとかに注目していて，子どもが自分で感じたり考えたりしたことを見取るノートとして活用しています。」と，「道徳ノート」を使った工夫について話していました。

また，「複数時間や年間を通した長期的な視点での評価の工夫」は，一定の回数，積み上げられていくことにより，いわゆる「大くくりなまとまりを踏まえた評価」「継続的な評価」として実現されていくものです。

これについて例えば，B先生は「長期的なもので言えば，自分が考えたことだとか話し合ったことを記録させています。これは個人内評価にもつながりますし，私たちが後で見させてもらって，『そうか，この子はこんなふうに考えていたんだ』と子どもの内面を見取ることにつながるんじゃないかと思っています。」と話していました。

また，C先生は「座席表などを使って，気づいたことを逐一メモする習慣をつけています。（子どもが）書けなかったり，発言できなかったりしても，（評価につながる）行為が見えることは絶対にあります。授業中に子どもたちは多様な動きをするので，それをメモする習慣をつけることが評価のために何より大切だと思っています。書けないから評価が低いのではなく，書けないなかでも，この授業では書いていたとか，何かの変容を教師が見取っていくことが大切だと思いながらやっています。」と話していました。このように，子どもの目立たない行為を，可能なかぎり拾い上げていくことが，工夫の一つになっているようです。

またほかにも，ワークシートや作品などをポートフォリオとして累積することや，学級目標に対する考えの深まり，年間や節目ごとの自己評価などが回答されました。さらに，上記の試みのほかにも，授業における記録の工夫，教師のコメントの仕方，音声レコーダーの活用，言語による体験的表現の機会，学級目標とつなげる方法など，さまざまな工夫を試されている様子が伝わってきました。

(3) 評価を記述する際に何をポイントとして考えているか

（1）では，「授業における子どものよさとして何に注目しているか」について述べましたが，通知表や指導要録などの長期的な評価の記述に際して，どのような点に着眼して書いていくかもまた重要な点です。表6-1は，その回答をまとめたものです。それぞれの項目について，代表的な答えを以下に記します。

◎友達との関わり

D先生は，友達との意見交流の中での子どもの様子に関わって，「例えば，命の大切さを考えたときに，最初は自分の捉え方だけだったものの，友達の意見を聞きながら，命の大切さについて，限られた命であるからこそ大切にしたいとか，支えられている命であるから大切にしていきたいとか，多面的に考えられるようになってくる。こうした友達との関わりの中で，考え方が広がってきた様子などを成長として書いたりしました。」と話していました。

◎自分の考えや経験

E先生は，「教材を通して，命の大切さについて考えるだけでなくて，日常の自分の経験と照らし合わせしながら，命の大切さについて考えられるようになってきたことなど。」と話していました。「自分の考えや経験」を通した思考の変化が見られたことへの言及も，評価の記述する際の重要なポイントになっていることがわかります。

◎変化する様子

F先生は「自分の考えと価値観が揺さぶられて，変わった子どももいるし，一方で，やっぱり自分はこれだなと最初に思ったことが強まったとか，確信に変わったとか，もっと自信をもてるようになったとか，そういう子もいる。そうした点に注目します。」と話していました。「子どもの変化する様

子（考えが変わるだけでなく，最初にもっていた考えの強化も含めて）」も記述する際のポイントとなりうるようです。

◎価値に関する考え方

G先生は「いろいろな立場を考えることができたとか，いろいろな視野をもって考えることができたというような点を励ます感じで書けばよいと思っています。」と話していました。このように「価値に関する考え方」やその変化が，記述のポイントの一つになっています。

上にあげた先生方の回答以外にも，表6－1に示すように，例えば，「友達との関わり」，「自分の考えや経験」，「変化する様子」「価値に関する考え方」のそれぞれについて，具体的な記述のポイントがあげられています。また，これらのほかにも，「授業での学びの過程」，「新たな学びや発見」などに着眼していることもわかりました。これらの記述ポイントは，「道徳科」の評価に際して，通知表にどのように書いていくかについて，大きな手がかりとなると考えています。

●表6-1 「道徳科」の評価の記述ポイント

友達との関わり	・友達との関わりの中で，考え方が広がること
	・友達の考えを受け入れていること
	・友達に対する考えを深め，関わりの成長を実感
自分の考えや経験	・日常の自分の経験と照らし合わせること
	・意見の違いに心を向けて，自分の考えをもつこと
	・自己を振り返りながら先を考えること
変化する様子	・道徳性の成長を自ら実感している様子
	・新たな考えが生まれた場面や様子
価値に関する考え方	・さまざまな価値をつなげて考えている様子
	・さまざまな面や角度からの視野をもって考えること
授業での学びの過程	・次の授業に前の学びを生かしていること
	・授業で顕著に現れた様子，具体的な姿を捉えること
新たな学びや発見	・どのような学びがあったか，本当の学びとは何かなど
	・関わるからこそ生まれる新たな発見

第3部　「道徳科」「特別活動」における資質・能力の評価

4　児童生徒の姿をどのように記述したらよいか

　「道徳科」においては，数値による評価は行わず，また観点別の評価も行いません。これを原則として，児童生徒の学びの状況や道徳性に係る成長の様子を，個々の授業や一定のまとまり，学期ごと，年度全体などにおいて，文章で記述していくことが求められます。その際に，子どもたちの姿をどのように記述していけばよいのでしょうか。「道徳科」の評価において，先述のアンケートやインタビューからもわかるように，多くの先生が頭を悩ませる点はここにあると思われます。

　③－ 2 －(3)（92ページ）では，道徳授業を研究している小学校教員から記述のポイントを聞き取った結果を記しましたが，評価の記述をどうするかという重要な問題については，また別の視点からも参考となる情報がほしいところです。そこで次に私たちは，学習指導案やさまざまな授業の資料から得られた200を超える評価記述を対象に，どのような言葉が組み合わされて使われることが多いかをテキスト分析という方法で分析し，評価においてしばしば使われる表現を集めました。そして，それらの評価表現を，さらに文部科学省が示す，「道徳科」における評価の2つの「視点」（または「着眼点」と呼ばれるもの），すなわち，「多面的・多角的に考えが深められているか」「自分自身との関わりで考えているか」という2つの点に基づく区分を生かして整理を試みました。その結果，評価表現を表6－2に示すような形で整理していくことができました。

　まず，「多面的・多角的に考えが深められているか」という視点については，「さまざまな見方をしていること」「本質を捉えていること」「他の考えを受容していること」という3つのカテゴリーに関する記述が多く見いだされました。具体的な例としては，例えば，「さまざまな見方」に対応する評価表現としては「親切にはさまざまなバリエーションがあることに気づいていた」と，「本質」に対応するような表現では，「自分や相手もうれしく，気持ちがわかるのが本当の親切，と自分なりにまとめることができた」，「他の考えの受容」に対応するような表現では，「違った視点や友達の考えを聞いて，自分の考えを広

●表6-2　授業における評価表現の抽出

視点	分類	評価表現の一例	
多面的・多角的	さまざまな見方	○○にはさまざまなバリエーションがあることに気づいていた。 主人公の○○な気持ちだけでなく、相手の気持ちにまで目を向け… 両面の立場から考えることができていた。	考えの深まり
	本質	○○の本義について捉えることができていた。 本当の○○について… ○○することのよさや大切さについて…	
	他の考えの受容	違った視点や友達の考えを聞いて、自分の考えを広げ… いろいろな視点から考えを深めていた。 違う立場の意見に納得し、考えを変えていた。	
自分自身との関わり	経験の想起	○○の経験を思い出し… 自分の○○経験を想起しながら… 自分が友達にしてもらったことを思い出すことを通して…	自分ごととして考えたか
	振り返り	自己の課題を見つめて… 自分の生活の態度を… 振り返りながら考えをさらに深めていた。	
	自己の投影	自分の立場に置き換えながら… 自分だったらどうするかについて… 自分自身のこととの関わりで考えている。	
	向上や変化	自分の生活に生かそうという意欲をもって… こういう自分になりたい… これからの生活に生かそうとしている。	

＊文部科学省が例示する2つの視点（着眼点）を踏まえた整理

げていた」といった評価表現が使われています。

次に「自分自身との関わりで考えているか」の視点おいては、大きく「経験の想起をしていること」「振り返りができていること」「自己の投影をしていること」「向上や変化が見られること」の4つについての記述が多く見られました。具体的には、例えば「経験の想起」に対応するような表現例として、「友達に助けてもらった経験を思い出し、自分ももっと友達に関わっていきたいという思いをノートにまとめることができました」といったものです。

このように、表6-2に示された分類は、「道徳科」における評価の2つの視点「多面的・多角的」、「自分自身との関わり」について、それができている子どもの姿をより具体的に表現したものとも考えられます。この表の分類にあげられたキーワードを参考に子どもの学習状況や道徳性に係る成長の様子を見取っていき、また、先の③-2-(3)で述べたポイントも加味しながら記述することで、「道徳科」として位置づけられた趣旨を踏まえた評価としていくことができると考えました。

5 効果的な評価の記述の在り方・進め方

　ここまでは，教師へのアンケート，インタビュー，授業実践事例における評価記述の具体的な分析等をもとに，これまで行われてきた道徳の授業における評価の工夫や記述のポイントなどについて検討し，整理してみました。では，これらを踏まえ，これからの「道徳科」の指導では，子どもの成長などの評価について，それをどのように実施し，記述として整理していけばよいのでしょうか。本節では，その方法や考え方，配慮すべき点などについて考えます。

1　「道徳科」における評価の流れをイメージする

　小中学校の新学習指導要領に基づくならば，「道徳科」の評価についておよそ次の3つの原則的な方向を示しています。

> ア．学習状況の評価を視野に入れる…学習の様子を捉えて，それを具体的な根拠として評価すべきこと。
> イ．道徳性に係る成長の様子を評価する…子どもの道徳性は人間性にも重なるのでその直接的な評価は困難であることを踏まえて評価すること。
> ウ．継続的な評価を大切にする…その場だけで決めつけ的な評価をするのではなく，多様な視点から評価できるように，その累積に努めること。

　このことに基づくならば，図6-5に示すように，まず，①の「児童（生徒）の学習状況」を捉えた評価を踏まえ，その累積の中で②の「道徳性に係る成長の様子」を捉えた評価につながる縦軸の流れがあります。そのうえで，子どもの状況や成長などを見取るための2つの「視点例」がそれぞれの授業場面にかかることになります。図6-5に横断させた枠に示すように，簡潔に言うならば，「考えが深まったか」「自分ごととして考えたか」の2点が見取りの重要な窓口となるのです。

2　評価を行う3つの場面や段階を押さえる

　この積み上げから具体的に評価を行い，記述し発信する場面や段階としては

図6-6に示すような3つのステージを区分して考える必要があります。

　まず，1単位時間での道徳授業における評価です。そこでは，例えば子どものノートなどへのコメントや子どもの自己評価などを生かした実際的な評価が展開されます。それらが累積されて，学期ごとの通知表での保護者や子どもへの提示や発信が行われます。それは，先生方が最も気を遣う場面であると言え

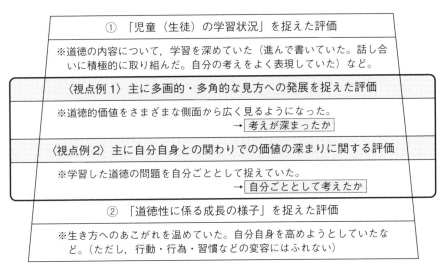

●図6-5　「道徳科」における評価の積み上げと2つの「視点例」の関係

【3つの評価のステージ】……区分して意識する

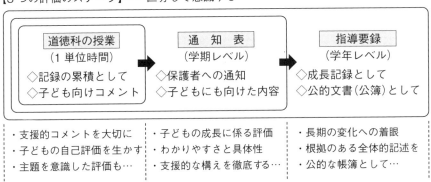

●図6-6　評価記述の3つの場面・段階とその在り方

ます。そして，年度末には公的文書（公簿）として残すための児童（生徒）指導要録の評価のステージとなります。この中で，私たちが最も留意し配慮をするのが保護者や子どもに直接届く通知表での記載です。それをどのように適切かつ効果的なものとするかについて以下で考えます。

3　毎時の評価情報をさまざまな方法で収集する

　重要なのは，評価のための情報を効果的に収集することです。それを，毎時の授業においてどのように引き出し，収集・累積していくとよいのでしょうか。

　先のインタビューに答えてくれた小学校教員の話や実際の授業実践例での取り組みを整理すると，主として次の（1）に示すノートやワークシートの累積を基盤に据えながら，（2）以下の方法も生かすなどして，どれか一つに頼ることなく，いくつかを組み合わせて評価を行うのがよいことがわかります。

（1）ノート・ワークシート

　評価情報として最も基本となるものは，子どもが書いたノートやワークシートです。授業中の発言が十分ではない子どもも含め，全員の思考など分け隔てなく見取ることができるからです。そこでの記述を確認する際には，前述の表6－2の2つの視点（着眼点）を意識して子どもの考えの傾向や変化などを捉えるようにします。そうすることで，例えば，年度当初は感想しか書けなかった子どもが，徐々に自分ごととして語れるようになったり，自分の考えをしっかり主張できるようになったりしていることに気づくことができます。

（2）発言・発話

　授業中の発言・発話も評価のための具体的な情報として重要で，可能なときには書き起こして生かすようにします。ただし，発言の少ない子どもへの配慮が欠かせません。例えば，ノートに書いた内容を発表するよう促したり，「発表してくれてありがとう」と伝えたりすることで，子どもの意欲を高めることにつながります。それでも発言が苦手な子どもや，学習に困難がみられることも考えられます。そのことを考えつつ，子どものつぶやきや表情，しぐさなどの背景にある思いや考えを想像し，共感的に理解する姿勢を大事にします。

(3) パフォーマンス

スピーチやプレゼンテーション，役割演技といった表現活動も，評価のための情報となります。その際，なるべく子どもの多くまたは全員が表現の機会をもつことができるように配慮します。また，ここでも，評価の際には表現のスキルではなく，その背景にある思いや考えを見取るようにします。

(4) 板書結果

板書は，子どもの学習や思考の結果が全体的にアレンジされる学級全体のノートのような働きをもっています。そこに，ときには子どもの意見の立場がネームプレートなどで示されていることもあります。もちろん，教師による筆記が多く，教師の主観が投影されていることも含みつつ，それをデジタルカメラなどで写しておくことによって，根拠となる情報として生かすことが可能です。

(5) 子どもの自己評価

「道徳科」自体が，子どもが自分自身への理解を深めるなかで自己評価力を高める場としての性格をもちます。今回収集した複数の授業に見られるように，授業の終了時などに自己評価の機会を設けることが考えられます（図6-7）。例えば，自分がどれくらいがんばったかを指標化することで，子どもの自己評価力が高まっていきます。ただし，教師はその自己評価の結果について量的にではなく質的に捉えるように努め，そのように自らを評価する背景や考え方を受けとめることがとりわけ大切です。例えば，×や△を多くつける子どもは，自分に厳しく，よりよくなろうとする気持ちが強いのではないかといった解釈の仕方も考えられます。

(6) 他の観察者による評価

「道徳科」の授業は担任が行うのが基本です。しかし，担任以外の教師がチーム・ティーチングや持ち回りなどの形で授業に入ることも有効です。指導に厚みが増すだけでなく，担任による主観的な評価に陥ることを防ぎ，より多面的に子どもの学習状況などを見ることができるようになります。

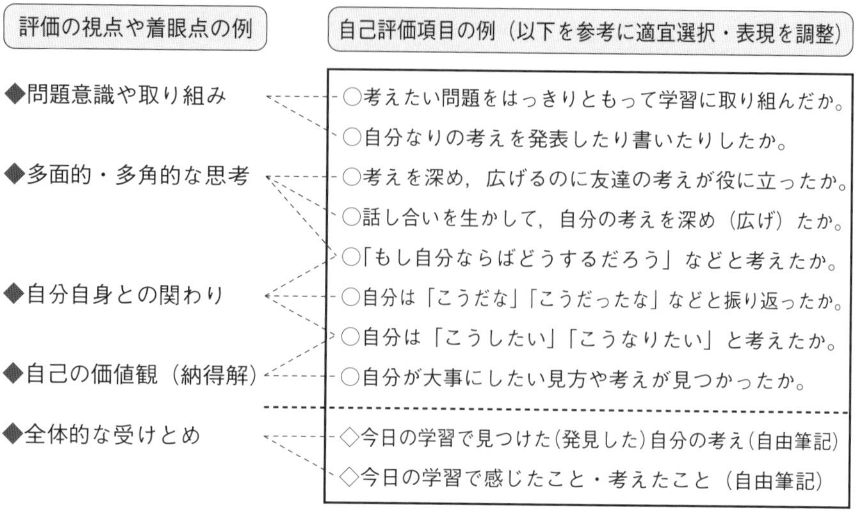

評価の視点や着眼点の例	自己評価項目の例（以下を参考に適宜選択・表現を調整）
◆問題意識や取り組み	○考えたい問題をはっきりともって学習に取り組んだか。 ○自分なりの考えを発表したり書いたりしたか。
◆多面的・多角的な思考	○考えを深め，広げるのに友達の考えが役に立ったか。 ○話し合いを生かして，自分の考えを深め（広げ）たか。
◆自分自身との関わり	○「もし自分ならばどうするだろう」などと考えたか。 ○自分は「こうだな」「こうだったな」などと振り返ったか。 ○自分は「こうしたい」「こうなりたい」と考えたか。
◆自己の価値観（納得解）	○自分が大事にしたい見方や考えが見つかったか。
◆全体的な受けとめ	◇今日の学習で見つけた（発見した）自分の考え（自由筆記） ◇今日の学習で感じたこと・考えたこと（自由筆記）

＊選択項目は，「はい・いいえ」，◎○△×，5～1等，実施の意図や実態に合わせて適切に設定。

●図6-7　子どもの自己評価シートに織り込む項目（例）

4　収集した評価情報の蓄積を無理なく進める

　また，先に述べた道徳授業の実践の分析から，その評価情報に厚みをもたせる工夫も浮かび上がりました。以下はその代表的な例です。このような中から学級の実態に合った方法を生かすことが考えられます。重要なのは，学級や子どもの状況に応じて無理なく継続できる形となるように努めることです。

■1　1冊のノートの工夫やファイリング

　1冊のノートを学級内で約束事を決めて工夫して用いたり，ワークシートや自身の評価を綴ったりして，まとめて振り返ることができるようにします。

■2　ポートフォリオ

　子ども自身にファイリングの工夫を委ねてポートフォリオの形式にしていくことも考えられます。ワークシートやアンケートなどの学習記録を整理したり，大事だと思った箇所に付箋紙を貼ったりして，自分だけの綴りを作るように促します。そこからは，子ども個々の自身を見る目がどのように育っているかを読み取ることもできます。

3 座席表へのエピソード記録

　授業中の子どもの言動などのエピソードを記録することで、細かな変化をつかみやすくなります。また、座席表に記録することで、一人一人の子どもに関する記録の量が一目でわかり、ノート記録や発言などが必ずしも十分ではない子どもの言葉を引き出すように努めるなど、指導の充実にも役立ちます。

5　より効果的な評価記述となるように努める

　次ページの表6-3は、前節までの検討を生かして、改めて調査の整理および各実践の工夫などの中から引き出し、「道徳科」において通知表などに個別的な評価を記述する際に配慮したい点について、全体的な整理を試みたものです。

　例えば、表中の3番目に各教科との区別について整理したように、道徳の評価については子どもの道徳性に係る資質・能力に着眼するように努めて、各教科等における記述との違いを出すことが大切になります。

　また、4番目でふれるように、子どもの人格そのものである道徳性についての直接的な評価は困難であり、謙虚な構えをもつことが重要だとされています。学習指導要領において「道徳性の成長の様子」という表現を避け、「道徳性に係る成長の様子」と示しているのはそのためです。

　さらには、最後の8番目に整理したように、「道徳科」指導で教師のみが用いるような難解な言葉は避け、子どもや保護者が受けとめられ、理解しやすい記述にすることも求められます。

　なお、表6-3に示すこれらのポイントは、通知表などの記述に際して、子どもの様子を的確に踏まえ、保護者にも受容される評価記述にするために心にとめてみたい工夫点として受けとめる必要があります。決して、各評価記述についてその内容の適不適や良し悪しを判断するチェックリストのような厳格な性格をもつものとは受けとめないようにすることも大切です。

●表6-3 「道徳科」の評価記述…よりよい記述にするためのポイント

ポイント	気になりそうな記述の例（各一部）	課題となりそうなこと		考えられる改善の方向
具体的な根拠を基にする	「どの学習でも、生き生きと大きな声で自分の考えを発表していました」	⇒大まかで曖昧な表現	曖昧・抽象的	○道徳授業での学習状況や考え方の具体的な成長などに着眼して、何に基づいて評価しているのかをわかるようにしよう。
	「相手の目をよく見てうなずきながら聞き、自分の考えをさらに深めることができていました」	⇒一般的な学習の様子		
道徳科の学習の中でみられる様子をとらえる	「日常生活の中でも、あいさつがとてもよくできるようになりました」	⇒日常の行動面の直接的な指導との関連	日常の指導	○日常ではなく、道徳科の学習だからこそ見える様子について書くようにし、生活面の記録とは区別するようにしよう。
	「友情に関する学習を通して、いままで以上に友達が増えてきました」	⇒日常生活での変化		
各教科の記述と区別する	「よく書けるようになってきました。」「ノートには積極的に自分の考えを詳しく書き込んでいました」	⇒各教科でも見られる記述	各教科との混同	○子どもの道徳的な見方や生き方などに着眼して書くようにしよう。特に、国語科や社会科と混同しないようにしよう。
	「お話の読み方がとてもていねいで、表現に心がこもっていました」	⇒国語の能力に着眼した記述		
道徳性に係る成長の記述に配慮する	「生きるうえでの道徳的な判断力や実践への意欲がとても高まりました」	⇒道徳性の内容への深入り	道徳性そのもの	○子どもの道徳性全体＝「人間性」については謙虚な向き合い方を大事にしよう。
	「性格が豊かになり、明るくなりました」	⇒性格全体に関わる評価		
子どものプラス面をとらえる	「いままでは規則についてあまり深く考えていませんでしたが、自分の問題として受けとめるようになりました」	⇒マイナス面への言及	マイナス面の記述	○一貫してプラスの面について記述するようにし、マイナス面にはふれないようにしよう。
	「自己中心的な主張が強かったときもありましたが、友達の意見にも心を向けるようになってきました」	⇒変化をマイナスの面から描く		
記録として残すうえでの配慮をする	「女子らしく、とてもきめ細かな考え方が育ってきました」	⇒固定的な性の見方	人権的な配慮	○人権に関する内容には配慮を欠かさない。特に性差や障害、得手不得手、身体的な個人差に関わることは慎重に見直そう。
	「立場の弱い友達に一方的に言うのではなく、気遣い合って○○について話し合うようになっています」	⇒課題のある人間関係		
「大くくりなまとまり」を踏まえた評価とする	「きまりについて考え、それを大事にして守ろうとする姿勢がとてもよく育ちました」（通知表の場合）	⇒個々の内容項目に限定し過ぎた表現	個別内容のみ	○通知表では全体的な見取りを大事にしよう。そのうえで、特徴的な事柄を例示として加えることも効果的。
	「『絵はがきと切手』の授業では友達や友情の大切さを深めていました」（通知表の場合）	⇒通知表で単一の授業のみを記述する場合		
子どもや保護者にもわかりやすくする	「道徳的価値の自覚が深まって、○○に関する多面的・多角的な見方ができるようになりました」	⇒保護者や子どもにとっての理解の難しさ	表現の難しさ	○保護者や子どもにもわかりやすい、自然で平易な言葉を用いるようにしよう。

6 まとめ

　「道徳科」が「特別の教科」として位置づけられたのは，各教科が求める資質・能力との性格の違いに基づき，子どもの人格を尊重する視点からの配慮を強く求めたことがその背景にあります。その趣旨に基づき，評価の観点や評価規準を設定しないで進める個人内の記述的評価がこれからも継続されます。

　「特別の教科」である「道徳科」は，2018年度より小学校段階からその全面実施を迎えました。本章の内容が，多くの教員が強い不安をもつ評価の在り方や評価表現の考え方などについて，その不安を払拭しつつ，肩の力を抜いて受けとめ，進めることができるための助けになれば幸いです。私たちも，そのための手がかりとなる情報のさらなる整理を引き続き心がけていきたいと考えています。

第7章 「特別活動」の新しい評価方法の工夫

林　尚示
布施　梓
元　笑予

1 はじめに

　本章では，「特別活動」の新しい評価方法を検討した成果を紹介します。この検討を行った理由には2つあります。一つ目は，文部科学省によって小中学校の学習指導要領が改訂されたことにより，さまざまな教科等において，資質・能力の育成について，その評価方法への関心が高まっていることです。そして二つ目は，後で述べる教員対象インタビューによって，「特別活動」の具体的な評価方法の開発の必要性が指摘されたことです。具体的には，小中学校の教員に「特別活動」の評価方法について聞いたところ，学習者の変化を捉えるためにも評価シートや評価の視点などがあるとよい，などの回答を得ました。
　以上を踏まえ，本章では，小学校の「特別活動」の中でも特に「学級活動」の評価を取り上げ，それに使うことのできる評価用語や評価規準，評価シートを提案しました。これは，小学校が義務教育最初の段階であり，また，活動が

多岐にわたる「特別活動」(学級活動,児童会活動,クラブ活動,学校行事)の中でも,特に学級活動が日本の教育課程の特徴的なもので,「特別活動」の要の時間であるためです。

「特別活動」の学びは,単なる教科固有の知識・技能を超えた,より実践的,汎用的な問題解決力としての資質・能力(コンピテンシー)を育成するうえで重要な役割を果たすと期待されます。そのため,「特別活動」の中で,子どもたちがどのような力を発揮し,どのようにそれを高めたかを評価することは,これからの教育においてますますその重要性を増していくことでしょう。

2 「特別活動」の評価方法の開発

開発する評価方法のコンセプトは,従来の方法より客観性が高く,かつ学校で活用しやすいものとすることです。それを実現するために必要な要素を検討し,以下のように整理しました。

・新学習指導要領が育成をめざす資質・能力の評価に対応していること
・学習者の具体的な「行動」によって評価すること
・授業を1回ずつ測ることができること
・集計して数値化できること
・経年変化が確認できること
・学年や学校共通で使えること
・教員の負担を軽減できること

開発する評価方法に,これらの要素を含むことができれば,客観的で使いやすい,「特別活動」の新しい方法となるでしょう。

開発に際しては,まず初めに,「評価方法に関する課題の抽出」を行うために,「教員インタビュー」を行いました。10名の小中学校の現職教員へ聞き取り調査を行うことで,現場で必要とされている評価方法について,先述のコンセプトを固めることができました。

次に行ったのは,「既存の学習指導案中の評価表現の分析」です。国立教育政策研究所・教育課程研究センターがウェブ上で公表している「特別活動」に

関する学習指導案から，評価に関する表現を抜き出し，これまでにどのような言葉で「特別活動」を評価してきたのかを分析しました。これにより，「特別活動」の授業中にどのような場面，行動に着目して学習者が評価されてきたかを，具体的に知ることができました。そして抽出した表現を評価表現リストとして整理することで，これまで各地で実践され，積み重ねられてきた評価の観点・視点を，開発する評価方法に生かしていくことにしました。

そのうえで最終的に，新学習指導要領が育成をめざす資質・能力の柱と視点を踏まえて，「特別活動」の評価規準の例を「東京学芸大学版特別活動評価スタンダード」（以下，本文中は「TGU特活スタンダード」と呼びます）としてまとめました。また，授業で活用できるそれに対応した評価シートである「東京学芸大学版特別活動評価シート」（以下，本文中は「TGU特活シート」と呼びます）を作成しました。以下では，上記の手順にそって，開発過程を順に述べたうえで，最終的に日々の授業等でご活用いただける「TGU特活シート」を紹介します。

3 「特別活動」の評価はどのように行われているか

特別活動の評価方法について，現状の課題を知るために，小中学校教員10名にインタビュー調査を行いました。質問項目は以下のとおりです。

Q1. 学級活動ではどのような行動が見られたときに指導要録で『○』をつけていますか。

Q2. 児童会活動（中学校は生徒会活動）ではどのような行動が見られたときに『○』をつけていますか。

Q3. クラブ活動ではどのような行動が見られたときに『○』をつけていますか。（小学校のみ）

Q4. 学校行事ではどのような行動が見られたときに『○』をつけていますか。

Q5. 総合所見には「特別活動」に関する内容を書くことはありますか。書くことがある場合は，どのような内容ですか。

Q6. 「特別活動」の評価方法について，何か課題に感じていることはありますか。

このうちQ1からQ4は，評価の観点を聞き取る意図の質問であり，Q5は，具体的な評価表現（記述）を聞き取る目的で質問したものです。そして，Q6は，現在抱えている評価についての課題を聞き取る目的の質問です。なお，「『○』をつける」，というのは指導要録に記載する印のことです。

　集めたインタビュー内容は，修正版グラウンデッド・セオリー・アプローチという方法によって，その内容を分析しました。表7－1（108～109ページ）は，その結果を示したものであり，教員の回答を「何で判断しているか」，「『○』のつけ方」，「『○』の割合」，「総合所見の記入」，「評価の困難さ」という5つの視点で整理しています。

　これらのインタビュー内容を総括すると，「特別活動」を評価する方法は必ずしも教員の間で一貫しておらず，評価規準がないことがわかりました。また，資質・能力を踏まえた評価の仕方も強くは意識していない現状があるようです。つまり，「特別活動」の評価は各教員に任されている部分が大きく，教員間の共通理解や連携が乏しいという課題があるようです。

　そういった現状を，インタビューに応じた教員は自分自身でも感じているようで，「主観的な判断にならざるを得ない」，「評価規準があると自分自身も安心だし，他の教員とも客観的な議論で連携できる」といった声も共通して聞かれました。

●表7-1　教員10名のインタビューの結果

視点	内容	回答例
何で判断しているか	学級会で意欲的な発言をしていたのか、実際に話し合う様子を判断する	・主に学級会をやったときの発言回数を細かく記録しているわけではないのですが、意欲的な発言をしていた。(教員A)
	振り返りカードで判断する	・うちの学校では毎回クラブの活動記録と、委員会活動、個人カードというのがあって、そこに毎回やったことと、振り返りを書く。自己評価、自己振り返りを毎回やっているのを最終的に、それも学期ごとですけど、クラブ活動1学期にこういうことやったというのが毎回の記録と振り返りがあって、クラブの最後の活動のときに、自己振り返りとクラブとして全体としての振り返りをやって、1枚のカードになると。(教員E)
	学級会ノートで判断する	・学級会ノートというのを作ってやっていました。(教員A)
	役職で判断する	・役職もその視点に入っていますね。(教員A)
	成績評価用のファイルを作る	・紙ベースでも、そういう持ち歩く成績評価用のファイルを作って。一応学年主任になってからは、初任の子とか経験若い子とかには、こういうのもつけていくといいよと伝える。(教員C)
	自己評価	・自己評価ですね。後はその係ごとにもそのつどっていうのはなかなかできないので、まあそれも学期末に、係、今学期の係の活動どうだった、みたいなのを話し合って。まあ振り返るようなことは参考にはしますね。(教員E)
	座席表を使って評価する	・振り返りシートは同じように、特別活動も話合い活動ならそういうような紙、学級活動で何かいろんなことをやった後としたら、小さな振り返りの感想メモみたいなものをためて評価をしますし、それこそ、座席表を使って、評価をしていきたいと思います。(教員F)
	各活動の教員たちが評価欄、クラブカード、委員会カードに書いたものを評価する	・あとクラブ活動、委員会に関しては、各活動の先生たちが評価をしているので、その評価欄、クラブカード、委員会カードに子どもたちが書くのですね。(教員C)
○をどうつけているか	委員会活動の委員長になった子に○をつける	・児童会活動は、委員会活動の委員長になった子とか、○をつけちゃいます。(教員A)
	意欲あるかどうかで○をつける	・でも何割とかって、○をつけるときはけっこう、よっぽど、本当にがんばった。やっぱり見取れていない分、そういうふうになる、なっちゃうことは、本当によかった子だけって。(教員G)
	担任の主観で○をつける	・3学期制で考えたら、1学期、○をつけるのは、いくつかの観点に絞ります。3学期は4分の3ぐらいつけます。逆に、ついていなくて、僕自身の指導が問題あるかなということもあるのですよね。つけないって渡すって、自分の指導の在り方の問題だし。そういう意味で、1学期は、僕自身もやっぱりつけれない感がありますね。始めていた子どもたち、数か月しか経ってないなかで、本当にその子をそうなのか、こうなのか、簡単に判断できない。1学期の中は、半分つけてないと思いますね。(教員H)

○の割合	半分を超えることはない	・半分以下ですね。基本的にはとても優れている子しかつけてないので、2割以下だと思いますけど。ただ、みんなはよくやっていると思います、だけどあまりつけません。(教員F)
総合所見の記入をどうしているか	教科の学習・生活・「特別活動」の3視点で書く	・一応、総合所見は学習のことと、生活のことと、「特別活動」の3つの視点をなるべく入れようと私は書いていて。特に「特活」のがんばりが多いときは、まあ欄の容量もあるので生活のことはふれなかったのですけど、基本的にはその3つのポイントで。(教員A)
	基本的にその子に一番関わるようなことを記入する	・基本的には、最初人格的なことを書くので、朝は元気よくいつもあいさつしていて、見ているこっちも元気になりますとか、あいさつについて、礼儀についてと思いますけど。友達に対して、いつも優しく接しています、友情とか、思いやりがあったりするのですけど。まず、1行目にそういう文を全員書くようにしています。あいさつか、友情か、なんか基本的に生活習慣とか、何か変えますけど、基本的にその子に一番関わるようなことをまず1行目に書くようにしています。(教員I)
	子どもの自主性によって評価する	・自分たちで作るのです学期ごとに。小学校はそれが多いと思うのですけど。当番的なものと、自主的に自分たちでグループを作って、まあ簡単な遊び係みたいな、クラスの遊びを企画して、水曜日の休み時間にみんなに遊びをコーディネートするみたいな。やらされてやるのではなくて、自主的にできているというところに関しては評価すると。(教員A)
評価の困難さ	規準に基づく評価が難しい	・「特活」はいろいろな項目があるじゃないですか。「特活」の先生に本当に申し訳ないですけど、道徳みたいに何か形に残るものがないですし、学級活動から話合い活動をして、討論とかやっていれば何か形になるかもしれないですかね。このあたりで行動とかを見るしかないので、本当にこっちの主観とかけっこう入っていますね。なので、先生によって捉え方が違いますし、自分自身も主観が若干入っているところがあるかな。その規準は難しい。(教員J)
	評価文例を選択するのが困る	・いま、けっこう、教育技術関係の雑誌には、毎年学期末には評価文例がいろいろ出てきます。あえて文言をどういった視点のときに使えるとか、考えてみると、言葉の組合せでできましたという、そういうことが評価。現場の初任者が、僕がそういうふうに見取ったのですけど、と言うことがすごく大事で、言葉遊びみたいになって記述するより、僕の見方とベテランの先生の見方が違って、そこは何なのだろうかって考えたりして。じゃそこ、言葉で表す作業自体に本当の評価の大切さがあると思うのですよね。きみの見ている観点がちょっと違うじゃないのって、ベテランの先生から言われるときに、僕はでもこういうふうな観点で子どもを見たときにこの姿につながっていると思うのですね。ベースの共有というか、どれだけベースを引き出すかというかそこが大事かなと思いますけど。(教員D)

第3部 「道徳科」「特別活動」における資質・能力の評価

4 学習指導案をもとにした評価表現の提案

次に、これまでの「特別活動」の評価の取り組みを評価方法の開発に生かすために、従来の学習指導案内にある評価に関する記述の部分（評価規準など）を抽出し（図7-1）、その分析を通じて評価表現を整理することを試みました。

対象とした学習指導案は、国立教育政策研究所によって収集・公開されたものです。国立教育政策研究所の「教育情報共有ポータルサイト」では、2016年11月現在において、14,163件の学習指導案が公開されており、小学校の「特別活動」に絞ると379件ありました。その中で、評価表現が記載された学習指導

---

5 題材の評価規準
①学級目標の達成に向けて、みんなで協力し合い、楽しい学級にしていこうとする。（関心・意欲・態度）
②みんなで遊ぶ日を仲良く楽しく過ごす方法について考え、ノートに書いたり発表したりできるとともに、自他の考えのよさを生かし、折り合って集団決定することができる。（思考・判断）
③友達の意見のよいところを見つけたり、互いの気持ちを推し量った言い方をしたりできる。（技能・表現）
④男女関係なくだれとでも仲良く協力し合うことの心地よさがわかる。（知識・理解）

抽出した部分

6　活動計画（全2時間＋課外）　本時　2／2

月日		活動内容	指導上の留意点	評価規準
事前	朝の時間	○学級目標達成状況アンケートの記入	・アンケートの結果をグラフに表示し、学級の課題が視覚的に把握できるようにしておく。	
	朝の時間	○議題の選定と決定 ○計画委員会 ・役割分担 ・学級会ノート原案作成	・よりよい生活づくりにつながる議題を決めさせ、問題意識を共有化させる。 ・学級会ノートの原案は、全員の意識が高められ、よりよい集団決定を導くものに練り上げさせる。	
	帰りの会	○学級会ノート記入	・情報を収集させ、自分の考えをまとめさせる。 ・根拠まで発表できるように、自分の考えの根拠についてもメモ程度に記録させておく。	①関心・意欲・態度 ②思考・判断
	朝の時間	○計画委員会 ・学級会の打合せ ・準備、練習	・学級全体の意見を把握させ、話合いの進め方について確認しておく。	
	帰りの会	○ミニ学級会	・発表や進行に対して自信や安心感をもたせ、話合いへの意欲づけをする。	
学級活動		第8回　学級会 「みんなで遊ぶ日をもっと仲良く楽しくしよう」（1／2）		①関心・意欲・態度 ②思考・判断 ③技能・表現

●図7-1　指導案からの評価表現抽出の例

案は100件しかありませんでした。つまり，今回参照した「特別活動」の学習指導案のうち7割以上は，評価について言及していないということで，この点からも，特別活動の評価の視点や方法が確立していないことがわかります。

　学習指導案から抽出した評価表現（359文）から，今後活用可能な評価表現を整理していく前段階として，テキスト・マイニングソフトウェアであるKH Coder（樋口，2014）を利用し，自己組織化マップという方法により，抽出したデータを内容の類似度に基づいて分類し，「知識」「思考力」「判断力」「表現力」「学びに向かう力」の5つのクラスター（グループ）に分けました。さらに，各クラスター内に出現する言葉とそれが書かれた学習指導案の内容から，5つのクラスターを，「特別活動」において育成をめざす資質・能力「Ⅰ．知識・技能」「Ⅱ．思考力・判断力・表現力等」「Ⅲ．学びに向かう力・人間性等」と対応させ，3つの柱に分けました。

　次ページの「評価表理のリスト」（表7-2）は，各柱の頻出語と内容を示したものです。これらの頻出語は，「知識・技能」「思考力・判断力・表現力等」「学びに向かう力・人間性等」の各観点における評価で用いる言葉として，また，この表の右側に記した内容（評価表現例）は，それらを用いた実際の評価表現や評価規準の例として，それぞれ使うことができるでしょう。

●表7-2　評価表現リスト

柱	観点	クラスター名	頻出語	評価表現例
Ⅰ	知識・技能	知識	理解,理由,議題,提案,沿う,意見,話合い	①話合いの進め方を理解し，役割を果たしている。 ②議論にふさわしい内容は何かを理解している。 ③提案理由を理解し，理由をつけて，自分の意見を発表することができる。 ④自分の考えを提案理由とつなげて発表し，友達の思いや考えを理解したうえで，よりよい方法や実践の仕方を考えることができる。 ⑤議題や話合いのめあて，提案理由を理解することができる。 ⑥議題,提案理由,話合いのめあてを理解することができている。 ⑦提案理由を理解し，話合いに参加しようとしている。他
Ⅱ	思考力・判断力・表現力等	思考力	自分,友達,考え,考える,聞く,発言,伝える	①話合いの内容や提案理由を考えながら，自分の意見をもち，話し合っている。 ②友達の意見を聞き，自分の考えと比べようとしている。 ③話合いの中で，自分の考えを述べたり，友達の考えを聞いたりしながら，学級会議に参加できる。 ④友達の気持ちを考えながら最後まで聞き，自分の考えをはっきりと発言することができる。 ⑤相手の気持ちを知るヒントを考えたり発言したりしている。他
		判断力	判断,相手,目的,工夫,合う,知る,気持ち,書く	①出された意見を比較しながら考え，判断することができる。 ②自分や友達を見つめ直す活動を通して，「安心して気持ちを伝えられるクラス」について考える。また，そのための自分の課題や目標をもち，自分には何ができるかを判断していくことができる。 ③自分に合った，よりよい解決方法などについて考え，判断している。他
		表現力	発表,内容,話し合う	①話し合う内容について考え，話合いに自分の考えをもって話合いに臨もうとしている。 ②議題に対して自分の考えを進んで発表し，めあてに合う目的や練習方法を話し合い，力を合わせて実践することができるようにする。他
Ⅲ	学びに向かう力・人間性等	学びに向かう力	自己,実践,協力,決定,集会,計画,目標,振り返る,意識,生かす,気づく,方法,守る	①自己成長や問題解決を図ろうとしている。 ②自己の目標や課題を明らかにし，課題に対応していく考え方を理解している。 ③目標をもって友達と協力して活動できるように，自分にできる方法で行動目標を自己決定している。 ④自己決定した目標に向かって，継続して実践をしている。 ⑤日常の生活における自己の課題を見いだし，自己を生かしながら，よりよい解決方法などについて考えている。 ⑥自分の食の課題に応じた自己決定をすることができる。他

5 「東京学芸大学版特別活動評価スタンダード」と「東京学芸大学版特別活動評価シート」の作成

　前節で示した評価表現リストは,「知識」「思考力」「判断力」「表現力」「学びに向かう力」の各クラスターで子どもたちのよさをどのような言葉で表現したらよいかを具体的に示すものとして,「特別活動」の評価に役立てることのできるものですが,一方でこれは従来（2016年時点以前）の指導案をもとにしたものであり,新学習指導要領の内容を十分に反映していないという欠点もあります。

　そこで,新学習指導要領に対応した「特別活動」の評価規準などの例となる

特別活動において育成をめざす資質・能力の整理

	知識・技能	思考力・判断力・表現力等	学びに向かう力・人間性等
高等学校	○多様な他者と協働するさまざまな集団活動の意義の理解。 ○さまざまな集団活動を実践するうえで必要となることの理解や技能。	○所属するさまざまな集団や自己の生活上の課題を見いだし,その解決のために話し合い,合意形成を図ったり,意思決定したり,人間関係をよりよく構築したりすることができる。	○自主的・実践的な集団活動を通して身につけたことを生かし,人間関係をよりよく構築しようとしたり,集団生活や社会をよりよく形成しようとしたり,人間としての在り方生き方についての考えを深め自己の実現を図ろうとしたりする態度。
中学校	○多様な他者と協働するさまざまな集団活動の意義の理解。 ○さまざまな集団活動を実践するうえで必要となることの理解や技能。	○所属するさまざまな集団や自己の生活上の課題を見いだし,その解決のために話し合い,合意形成を図ったり,意思決定したり,人間関係をよりよく構築したりすることができる。	○自主的・実践的な集団活動を通して身につけたことを生かし,人間関係をよりよく構築しようとしたり,集団生活や社会をよりよく形成しようとしたり,人間として生き方についての考えを深め自己の実現を図ろうとしたりする態度。
小学校	○多様な他者と協働するさまざまな集団活動の意義の理解。 ○さまざまな集団活動を実践するうえで必要となることの理解や技能。	○所属するさまざまな集団や自己の生活上の課題を見いだし,その解決のために話し合い,合意形成を図ったり,意思決定したり,人間関係をよりよく構築したりすることができる。	○自主的・実践的な集団活動を通して身につけたことを生かし,人間関係をよりよく構築しようとしたり,集団生活や社会をよりよく形成しようとしたり,自己の生き方についての考えを深め自己の実現を図ろうとしたりする態度。

●図7-2 「特別活動」において育成をめざす資質・能力の整理
（文部科学省,2016,p.315より）

第3部　「道徳科」「特別活動」における資質・能力の評価

「TGU特活スタンダード」と，それを使って授業の記録や分析を行う際のツールである「TGU特活シート」の作成に取り組みました。作成に際しては，中教審で検討された新学習指導要領での「特別活動」の資質・能力の整理（図7－2）と，その視点（図7－3）を活用して，新学習指導要領のコンセプトを再確認しながら作業を行いました。

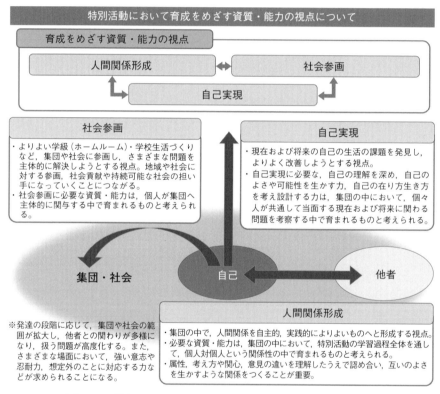

●図7-3　「特別活動」において育成をめざす資質・能力の視点
（文部科学省，2016, p.322より）

6 「東京学芸大学版特別活動評価スタンダード」

　新学習指導要領で育成がめざされている資質・能力を特別活動の評価に活用するための評価規準例の作成のために，112ページの表7-2の「評価表現リスト」を念頭におきながら，中教審の資料を分析，細分化して，次ページの「TGU特活スタンダード」（表7-3）を作成しました。

　具体的には，初めに「特別活動」において育成をめざす3つの資質・能力（「知識・技能」，「思考力・判断力・表現力等」，「学びに向かう力・人間性等」）を3つの視点（「人間関係形成」，「社会参画」，「自己実現」）に分け，それらをさらに，中教審の資料の吟味を通じて，教員の評価規準として2つの規準に区分しました。例えば，「知識・技能」の，「人間関係形成」の視点については，「他者と協働する意義がわかる。」「他者と協働する方法がわかる。」という規準にしています。

　このように，3つの資質・能力，3つの視点，2つの規準からなる，合計18の評価規準を作成しました。なお，「スタンダード（標準，standard）」という用語には，教員による相互運用のためのガイドラインという意味を込めています。

　この「TGU特活スタンダード」は，授業の事前，事中，事後において，それぞれに活用できます。授業の事前の段階においては，年間指導計画，学期ごとの指導計画，それぞれの授業指導計画の段階で，年間の指導内容のバランスやその授業のねらいを明確化する際に活用できます。授業の事中の段階では，スタンダードに対応する子どもたちの発言や行動を見取り，子どもたちを指導したり，子どもたちをほめたりする際に活用できます。授業の事後の段階では，その授業のねらいと子どもたちの特徴について，振り返る際に活用できます。

●表7-3　東京学芸大学版特別活動評価スタンダード

資質・能力別	視点別	教員の評価規準	略称	代表的な場面
知識・技能	人間関係形成	他者と協働する意義がわかる。	協働・意義	グループ活動に積極的に取り組む場面
知識・技能	人間関係形成	他者と協働する方法がわかる。	協働・方法	他者と相互にコミュニケーションする手だてがわかっている場面
知識・技能	社会参画	集団活動に参画する意義がわかる。	参画・意義	グループやクラスでの計画・活動に積極的に取り組む場面
知識・技能	社会参画	集団活動に参画する方法がわかる。	参画・方法	グループやクラスの計画・活動に参加する手だてがわかっている場面
知識・技能	自己実現	自己の課題を発見し改善する意義がわかる。	自己改善・意義	自己の課題発見の活動に積極的に取り組む場面
知識・技能	自己実現	自己の課題を発見し改善する方法がわかる。	自己改善・方法	自己の課題を改善する手だてがわかっている場面
思考力・判断力・表現力等	人間関係形成	互いのよさを活かす考え方ができる。	互い・活かす	互いの意見を活かそうとしている場面
思考力・判断力・表現力等	人間関係形成	互いに認め合うことができる。	互い・認める	互いの意見等を認め合う場面
思考力・判断力・表現力等	社会参画	集団での合意形成に参加できる。	合意形成・参加	グループやクラスの話合い活動等で意見の一致を図ろうとする場面
思考力・判断力・表現力等	社会参画	問題解決に主体的に取り組むことができる。	問題解決・主体的	自ら解決策を考え，提案している場面
思考力・判断力・表現力等	自己実現	自己の生活の課題を見いだすことができる。	生活課題・見いだす	自己の生活の課題についての発言が見られる場面
思考力・判断力・表現力等	自己実現	自己の生活の課題を解決することができる。	生活課題・解決	自己の生活での課題の解決策を考え，提案している場面
学びに向かう力・人間性等	人間関係形成	人間関係をよりよく構築しようとしている。	人間関係・構築	他者との関係づくりに取り組もうとしている場面
学びに向かう力・人間性等	人間関係形成	自主的・実践的に他者と関わろうとしている。	実践的・関わり	他者に積極的にコミュニケーションを取ろうとしている場面
学びに向かう力・人間性等	社会参画	集団生活をよりよく形成しようとしている。	集団生活・形成	他者を思いやった行動を取れる活動場面
学びに向かう力・人間性等	社会参画	集団での学びに参画しようとしている。	学び・参画	グループやクラスのことを考えながら発言している場面
学びに向かう力・人間性等	自己実現	自己の生き方についての考え方を深めようとしている。	生き方・深める	自己の今後の行動について具体的に説明しようとしている場面
学びに向かう力・人間性等	自己実現	自己の実現を図ろうとしている。	自己実現・図る	自己の内面にある能力や可能性を活動につなげる場面

林・杉森・布施・元，2018

7　「東京学芸大学版特別活動評価シート」

　さらに，先述の「TGU特活スタンダード」（表7-3）をもとに，具体的な授業を分析し，評価するための「TGU特活シート」（119ページの図7-4）を作成しました。これは，文部科学省の提示する「特別活動」で育成すべき3つの資質・能力別に，時系列で子どもたちの様子や授業の特徴を捉えることができ，さらに，それを人間関係形成，社会参画，自己実現の3つの視点からも分類できるものです。また，授業場面の写真または映像を掲載できるスペースや，授業場面のトランスクリプトを投入できるスペースも作ってあります。

　なお，このシートは，研究授業などで参観者が授業記録をしたり，授業における子どもたちの様子を後から授業者がビデオで評価したりする際などで活用することを想定しています。そして，後の⑨節では，授業者が授業の中で子どもたちの様子を記録・評価することを想定した簡易版も紹介します。

　では，図7-4の「TGU特活シート」の使い方について詳しく説明します。まず「番号」の欄は観察者が整理しやすいように記入します。学級活動は年間35時間実施されるため，何回目の授業の記録であるかわかりやすくするために「番号」の欄を設定しました。また，各回の授業で「資質・能力の育成」が確認できる箇所は複数箇所あることが多いです。そのため，「番号」の欄は観察して何回目の授業の何番目の場面の記録かわかるように記入することになります。例では，2つ目の事例における1つ目の場面として「2-1」と記入しています。「学年」の欄は小学校の第何学年であるかを記入します。例は第2学年のため，「2」と記入しています。「学級活動」の欄には（1）（2）（3）が入ります。（1）は「学級や学校における生活づくりの参画」，（2）は「日常の生活や学習への適応と自己の成長および健康安全」，（3）は「一人一人のキャリア形成と自己実現」です。「写真の例」には「ミニ弐分方小まつり」のように授業のタイトルをつけて，その開始場面を貼っています。この部分は，写真でも，動画クリップでも，メモでも入力できます。「時間」の欄は授業開始時からの経過時間で，例では「0分56秒」の場面であることがわかります。また，写真などだけでは授業内容がわかりにくいため，「場面説明」の欄も設定しま

した。例では「話合いの体制を作り，司会グループが前に立つ場面。」と記しています。「トランスクリプト」の欄は，授業時の教師と子どもたちおよび子どもたち同士で交わされた言葉のやりとりを書き起こしたものです。例では，「A：これから第8回学級会を始めます。司会グループの紹介です。司会のAです。私が今日がんばることは台本を見ずに，みんなに聞こえやすく大きな声で言いたいです。B：指し屋さんのBです。私が今日がんばることは，早く人を指すことです。（中略）全体：よろしくお願いします。」と入力しています。この事例では授業のすべてのトランスクリプトを作成し，その中から資質・能力の育成に該当する部分を抽出して，それを分析していますが，活用の工夫としては，資質・能力の育成の場面を見つけ，その部分のみのトランスクリプトを入力することもできます。そして，その右には，「TGU特活スタンダード」（表7–3）に記した18個の評価規準を6つずつ「3つの資質・能力」ごとに分けて表示し，それぞれの場面において，子どもたちのどのような行動が見られたかを評価し，記録することができるようになっています。

　この例にあげた場面（司会グループの紹介場面）では，「知識・技能」のうち「社会参画」の方法について子どもたちの「行動」が確認できました。知識・技能の社会参画の方法とは，「TGU特活スタンダード」（表7–3）では「集団に参画する方法がわかる。」という規準がそれにあたるので，参画・方法の欄に「●」をつけます。代表的な場面としては「グループやクラスの計画・活動に参画する手だてがわかっている場面」です。

　「TGU特活シート」では，このような形でシートに授業の様子を記録していきます。実際には，例えば10秒程度の幅で場面を見つけて，写真を貼っていくかメモをしていくと実用的でしょう。観察評価に際しては可能ならばカメラを持って，資質・能力の育成の場面を意識しながら参観するとよいと思います。

　「TGU特活スタンダード」および「TGU特活シート」については，図7–4と123ページの図7–6を参考に同様の形式を表計算ソフトで作成するなどでご活用ください。

「特別活動」の新しい評価方法の工夫 第7章

番号	学年	学級活動	写真の例	時間	場面説明	トランスクリプト	知識・技能				思考力・判断力・表現力等				学びに向かう力・人間性等					
							協働・意義	協働・方法	参画・意義	参画・方法	自己改善・方法	互い・認め活かす	合意形成・参加	問題解決・主体的	生活課題・見出す	生活課題・解決	人間関係・構築	実践的関わり	集団生活・形成	学び・参画深める	生き方・深める	自己実現・図る
2-1	2	(1) ミニ式分力小まつり		0:56	話合いの体制を作り, 司会グループが前に立つ場面。	A：これから第8回学級会を始めます。司会のAです。私が今日がんばることは台本を見ずに, みんなに聞こえやすく大きな声で言いたいです。 B：指し屋さんのBです。私が今日がんばることは, 早く人を指すことです。 (中略) 全体：よろしくお願いします。			●													

授業場面の写真やメモ

授業場面の文字起こし

● 図7-4 「東京学芸大学版特別活動評価シート」

8 公立小学校での使用例

　本節では,「TGU特活シート」を実際に使用した結果を,東京都八王子市立弐分方小学校での学級活動の5つの授業について,録画およびトランスクリプトの作成,資質・能力育成の場面抽出を行った例を紹介します(図7-5)。

　分析には,「DVDで見る小学校の特別活動 東京都八王子市立弐分方小学校のとりくみ 授業に見る学級活動の進め方」(林監修2018)の映像を用います。

　5つの授業の内訳は,「小学校学習指導要領」の学級活動(1)を2授業,学級活動(2)を2授業,学習指導要領で新しく誕生した学級活動(3)を1授業でした(122ページの表7-4をご覧ください)。

　実証のための撮影にご協力いただいたのは清水弘美校長と,授業者の松井教諭はじめ同小学校の教職員です。

　ここでは「TGU特活シート」を使用して,5つの授業について,観察者または授業実施教員が資質・能力の育成の場面を抽出しました。そして,どの資質・能力をどの視点から評価した場面であったのかを分類し,授業の特徴を見いだしていきました。図7-5は,第2学年の学級活動(1)の評価場面の例です。

　表7-4は,小学校第2学年から小学校第6学年までを対象として,「知識・技能」,「思考力・判断力・表現力等」,「学びに向かう力・人間性等」の3つの資質・能力ごとに学級活動の特徴を見た結果です。図7-5と表7-4のチェック欄は左から18個の項目を6つずつに分けた3つのブロックとなっています。一つ目のブロックが「知識・技能」,二つ目のブロックが「思考力・判断力・表現力等」,三つ目のブロックが「学びに向かう力・人間性等」です(119ページの図7-4をご確認ください)。

　対象とした授業を総合すると,「思考力・判断力・表現力等」を評価できる場面が多くの授業であったことがわかります。また,「知識・技能」では自己実現の視点による評価ができる場面が多いこともわかりました。そして「学びに向かう力・人間性等」についても,授業によって評価できるものとそうではないものがあることがわかりました。

第7章 「特別活動」の新しい評価方法の工夫

番号	学年	学級活動	写真の例 学級活動(1) ミニ弐分方小まつり	時間	場面説明	トランスクリプト	協働・方法	協働・意義	参画・方法	参画・意義	自己改善・方法	自己改善・意義	互い・認める	互い・活かす	合意形成・参加	合意形成・主体的	生活課題・見出す	生活課題・解決	人間関係・構築	実践的・関わり	集団生活・形成	学ぶ・参画	生き方・深める	自己実現・図る
1-1	2	(1)		0:56	話合いの体制を作り、司会グループが前に立つ場面。	A：これから第8回学級会を始めます。司会グループの紹介です。私が今日がんばることは皆会のAさんです。私が今日がんばることは、みんなに聞こえやすく大きな声を出したいです。 B：指し屋さんのBです。私が今日がんばることは、早く人を指すことです。（中略） 全体：よろしくお願いします。			●															
1-2	2	(1)		2:56	パーティーで行うゲームについて意見を出し合う場面。	A：ありがとうございます。柱1はお店を決めたようです。何か意見はありますか。（中略）D君。 D：射的がいいと思います。理由は、去年射的をやって、自分が楽しくやってくれていた。そのあと射的なんだけど、3年生の人たちが今は3年生の2年生たちがやったのと射的をやっていたので、今度は3年生の立場になってみたかったからです。												●				●		
1-3	2	(1)		13:23	ゲーム案の中から、実際に行うゲームを絞り込む場面	E：わかった。お化け屋敷のあとにお笑いダンスとかくっつけたらどうかな。 全体：いいね。 （中略） A：そうしたらこの意見でいいですか。 全体：いいですよ。									● ●									
1-4	2	(1)		40:49	提案されたゲーム案の中から、実際に行うゲームを絞り込む場面	A：全員でできる工夫とお店でできる工夫が、この二人が悩んでるのを助けてください。ここまでは分けてたんですけど、この三つが分けられないのでどうすればいいですか。（中略） F：はい、折り紙とかでくじはみんなで作ると思うからできると思います。														●				

● 図7-5 東京都八王子市立弐分方小学校での実証

「TGU特活シート」は，このように学校全体で活用し，学年ごとの特徴や題材ごとの特徴を発見するためにも有効ですし，特定の学級で35時間の学級活動の全体的な特徴を調べることもできます。そして，このような資料の蓄積を通して集計することで，授業改善に活用できます。例えば，資質・能力別に育成場面の偏りを見つけだせたり，自分が見取りきれていない場面がある可能性を検討したりすることができます。そうすることで，意識的に特定の資質・能力を育成する授業づくりの目安にすることができるのです。

● 表7-4　5つの学級活動の事例での集計

	協働・意義	協働・方法	参画・意義	参画・方法	自己改善・意義	自己改善・方法	互い・活かす	互い・認める	合意形成・参加	問題解決・主体的	生活課題・見出す	生活課題・解決	人間関係・構築	実践的・関わり	集団生活・形成	学び・深める	生き方・深める	自己実現・図る
学級活動(1)　2年生				●									●			●		
								●	●						●			
学級活動(1)　4年生							●											
								●		●								
														●				
学級活動(2)　3年生					●						●							
										●								
						●	●						●					
												●	●					
学級活動(2)　5年生						●			●		●							
				●														
							●			●								
						●						●						
学級活動(3)　6年生	●	●												●			●	
				●														
																	●	●

9 「東京学芸大学版特別活動評価シート」（簡易版）の提案

「TGU特活シート」は校内外の授業研究会等で，複数の参観者がいる場面を想定して作成しました。そのため，教師単独での通常の授業では，映像や写真の挿入，トランスクリプトの入力など，活用しにくい箇所もあります。そこで，この課題を克服するために，通常の授業用の「TGU特活シート」（簡易版）も作成しました（図7−6）。

これは，場面説明やトランスクリプトなどの詳細を省略し，授業中に注目した場面とそのメモを教師が記録し，その時点で，または事後に資質・能力との対応関係を確認していく方法です。「TGU特活シート」（簡易版）は，授業終盤の授業者から子どもたちへのフィードバックに活用したり，得られた記録を

場面	メモ	協働・意義	協働・方法	参画・意義	参画・方法	自己改善・意義	自己改善・方法	互い・活かす	互い・認める	合意形成・参加	問題解決・主体的	生活課題・見出す	生活課題・解決	人間関係・構築	実践的・関わり	集団生活・形成	学び・参画	生き方・深める	自己実現・図る
場面1	Aさんは，役割紹介の場面で，「○○○○○」と自己紹介した。																		
場面2	D君は，話合い活動で「○○○○○」と提案した。																		

●図7-6 「東京学芸大学版特別活動評価シート」（簡易版）

蓄積したりして通知表や学年末の指導要録の作成にも活用できます。そのほかにも，授業後に授業者自身が（主観的に）評価した場面が，学習指導要領が育成をめざすどの資質・能力に対応するのかを確認することや，授業者の評価が適切な見取りだったのかどうか，授業者自身の評価と学習指導要領との関連を確認すること，それぞれの子どもたちについて蓄積していくことで長期的な評価資料とすること，さらには研究授業時などで，授業者以外も同時に使用し，授業後に照らし合わせることで，統一的な規準をベースにした見取り方のすり合わせや見落としの補完に利用することなど，さまざまな形での活用が可能です。

10 まとめ

　本節では，新しい「特別活動」の評価の研究により，「特別活動」の評価に関心をもっている教師を対象とした評価のためのツールを提供することができました。

　まず，新学習指導要領に対応した「特別活動」の評価規準の例である「TGU特活スタンダード」と，それをもとにした「TGU特活シート」を作成しました。これらを活用すると，授業映像とトランスクリプトをもとに資質・能力の評価場面を抽出することができます。

　そして，授業進行時に教師が簡便に使用でき，教師の評価の負担を軽減する「TGU特活シート」（簡易版）も作成しました。これは，「TGU特活シート」が主として校内外での研究用に作成されたものであるため，写真やトランスクリプトなどの活用を前提としており，日常の授業には気軽に取り入れにくいためです。「TGU特活シート」（簡易版）は，授業者が自己の授業を振り返る際の活用のみならず，授業を記録して，授業の総括の場面で個々の子どもたちの活動などにコメントを加える際などにも活用できるものです。

　今回紹介した「特別活動」の評価方法開発の成果については，小・中・高等学校等の授業研究会などで，ぜひご使用ください。通常の授業においても，「TGU特活シート」（簡易版）はすぐにお使いいただけるものです。また，「TGU特活スタンダード」は，ここで検討対象とした学級活動以外の「特別活

動」の内容（児童会活動，クラブ活動，学校行事）や，中学校，高等学校での話合い活動などで具体的な発言や行動を見取る場面でも活用できるものです。

　「特別活動」で，子どもたちの資質・能力を育成する効果的な実践は，よりよい学級運営や学校運営の助けになります。学級担任の先生方や管理職の先生方におかれましては，「特別活動」でどのような資質・能力が子どもたちに育成できているかを常に意識するためにも，今回ご紹介した「TGU特活スタンダード」や「TGU特活シート」をさまざまにご活用いただければ幸いです。

(引用文献)

林　尚示・杉森　伸吉・布施　梓・元　笑予（2018）．東京学芸大学版特別活動評価スタンダード＆シートの開発――小学校の学級活動，児童会活動，クラブ活動，学校行事を通して検証―― 平成30年度日本教育大学協会研究集会発表概要集，152-153

林　尚示監修（2018）．DVDで見る小学校の特別活動 東京都八王子市立弐分方小学校のとりくみ 授業に見る学級活動の進め方，第1～4, 6巻　株式会社新宿スタジオ

樋口　耕一（2014）．社会調査のための計量テキスト分析 ――内容分析の継承と発展を目指して―― ナカニシヤ出版

文部科学省（2016）．次期学習指導要領等に向けたこれまでの審議のまとめについて（報告）　中央教育審議会　Retrieved from　http://www.mext.go.jp/component/b_menu/shingi/toushin/__icsFiles/afieldfile/2016/09/09/1377021_1_7.pdf（2018年3月1日）

第4部 ICTを活用した新しい学びと評価

第8章
ICTを活用した学びと評価

森本康彦

1 はじめに

　この章では，学校教育の中で急速に導入が進められつつある，タブレット端末をはじめとしたICT（Information and Communication Technology：情報通信技術）を，児童生徒の学びやその評価に活用することについて，1) なぜそれが求められるのか，2) どのような技術が使えるのかを説明し，そのうえで，3) どのようにそれを授業等の学びの中で活用したらよいかの具体的な方法について説明します。

　第2章で見たように，資質・能力（コンピテンシー）の評価には，それぞれ性格や背景の異なる子どもたちの思考や振る舞いを，集団の中で，できるだけ客観的に評価していくと同時に，児童生徒のよさ，可能性，進歩の状況といった，個に注目した評価が強く求められています。ICTは，児童生徒の考えや活動を促進したり，そこにおける思考のプロセスやその成果を，子どもたちの自問自答による自己評価も含めて，さまざまな形で記録し，見える化できるた

め，資質・能力の評価のための強力なツールになると言えるでしょう。

2 なぜ，いまICT活用が強く求められるのか

　2020年から順次実施される新学習指導要領の総則では，「各学校において，コンピュータや情報通信ネットワークなどの情報手段を活用するために必要な環境を整え，これらを適切に活用した学習活動の充実を図ること」と，ICT環境の整備の必要性について記載されています（文部科学省，2017a）。これにより，各自治体は，学校のICTの環境整備を急ぎ進めることが求められるようになりました。

　では，なぜいまになって改めて，大型提示装置や実物投影機，無線LAN，タブレット端末といったICT環境を整備し，授業等で効果的に活用することを明言しなければならなかったのでしょうか。それには，21世紀を生きる子どもたちに必要な教育の本質を見極めようとする立場からの解釈が必要です。

　新学習指導要領では，「子供たちに，情報化やグローバル化など急激な社会的変化の中でも，未来の創り手となるために必要な資質・能力を確実に備えることのできる学校教育を実現する」ことがその改訂の軸となっています（文部科学省，2016a）。この背景には，複雑で激しく変化する社会の中で，身近な問題だけでなく，地球規模の課題においても，学校で学んだ既存の知識・技能をそのまま使って解決できる問題がかぎりなく少なくなってきており，ただ知識・技能を習得することを学びのゴールにするのではなく，課題や状況に応じて獲得した知識・技能を活用し，また，仲間とコミュニケーションをとりながらチームで協働的に問題解決にあたる"資質・能力"が求められるようになったことがあげられます。これは，「何を教えるか」から「何ができるようになるか」を重視する教育への転換であり，そのために「何をどのように学ぶか」の"学び方"を学ぶという教育への転換も志向されてきているのです。つまり，求められる教育そのものが変わったのです。その中でICTは，その教育を支える不可欠なもの（ツール）になったと言っても過言ではありません。

　つまり，学校教育の中でICT活用が求められるようになった理由は以下の2つに集約することができます。次節以降では，これらについて詳しく説明します。

- 理由1）「ICT活用」は，21世紀を生きる児童生徒に求められる資質・能力だから（3節へ）
- 理由2）ICTは，学びとその評価を支えるツールだから（4節へ）

3 育成をめざす資質・能力とICT活用

1　いま求められる資質・能力

　これまでの教育では，個人が知識を正確に習得し，与えられた課題を効率よく解くための技能が求められ，それを測る手段としてテストが主に用いられてきました。したがって，教師は，児童生徒がどのようにして学習目標を到達できるかを探ることで教育を設計することができたのです。しかし，これからの社会では，ビジネスや地球規模の問題だけでなく，私たちに身近な問題でさえ，学校で覚えた知識や技能をそのまま使って解決できることは少なくなります。ましてや，単純な問題の解決の手段は，AI（Artificial Intelligence：人工知能）に取って代わると言われています。つまり，21世紀のこれからは，単に知識や技能を丸覚えするだけでは役に立たなくて，状況や課題に応じてそれらを活用し，社会を構成する者の一人として他者とコミュニケーションをとりながら協働的に問題解決できる資質・能力を有することが必要不可欠である，という時代を迎えているのです。

　では，求められる「資質・能力」とはどのようなものでしょうか。第2章で見たように，これまでにそれを説明するさまざまな資質・能力の枠組みが提案されていますが，ここではその代表的なものの一つである「21世紀型スキル」に注目します。21世紀型スキルとは，ATC21S（Assessment and Teaching of 21st Century Skills）プロジェクトによって定義され，21世紀を生き抜くために必要な10の能力から構成されています（例えば，Griffin, McGaw, & Care, 2012　三宅 2014；松下，2014）（表8－1）。また，これらは「21世紀型能力」として，わが国においても重視されています。

●表8-1　21世紀型スキル

○思考の方法
　1. 創造性とイノベーション
　2. 批判的思考，問題解決，意思決定
　3. 学び方の学習，メタ認知
○働く方法
　4. コミュニケーション
　5. コラボレーション（チームワーク）
○働くためのツール
　6. 情報リテラシー
　7. ICTリテラシー
○世界の中で生きる
　8. 地域とグローバルのよい市民であること（シチズンシップ）
　9. 人生とキャリア発達
　10. 個人の責任と社会的責任（異文化理解と異文化適応能力を含む）

　個々の力の詳しい説明は他書に譲りますが，ここで注目すべきは，21世紀型スキルでは，思考し，仕事を対話的に協働して行っていく際に必要となる「働くためのツール」が"テクノロジー"であることを指摘していることです。逆に言えば，「テクノロジーの力を利用できること」が強く求められているわけです。これからの時代では，単にテクノロジーを使いこなすことが重要なのではなく，道具としてあたりまえに使いながら仕事を遂行し，成功にいたるまで粘り強くやり抜くことが求められます。テクノロジーは単なるツールです。大事なのは，テクノロジーを道具として使い，何をするのか，それによって新しい何かを創り出せるか，ということです。このテクノロジーの力を利用することが「ICT活用」にあたります。すなわち，「ICT活用」自体が，21世紀を生きる児童生徒に求められる「資質・能力」の大切な要素の一つなのです。

2　ICT活用に関する資質・能力とは

　新学習指導要領では，「知識・技能」「思考力・判断力・表現力等」「学びに向かう力・人間性等」を，児童生徒が育成すべき資質・能力の3つの柱として構造的に示しています。そして，「言語能力，情報活用能力（情報モラルを含

む），問題発見・解決能力等の学習の基盤となる資質・能力を育成していくことができるよう，各教科等の特質を生かし，教科等横断的な視点から教育課程の編成を図るものとする。」と述べ，各教科の中に情報活用能力等の学習の基盤となる資質・能力の育成の文脈をきちんと埋め込む必要があることを主張しています（文部科学省，2017a）。

このように，新学習指導要領において「情報活用能力」は，「言語能力」とともに，「学習の基盤となる資質・能力」と位置づけられました。この情報活用能力をはぐくむにはICT活用が不可欠です。すなわち，情報活用能力とはICTを学びのツールとして活用する資質・能力の重要な一部ということができるのです。では，具体的に，児童生徒に身につけてほしい「ICT活用に関する資質・能力」とは，どのようなものでしょうか。文部科学省の各種資料（文部科学省，2016b，2017a，2017b）から整理すると，次ページの表8-2に示す15個があげられます。これらは，ICTに関する特別な活動を行うことで身につけるのではなく，普段の授業や学校生活の中で，日常的にICTを活用することを通じ，身につけていくスキルだと言えます。

4　学びの場面とICT活用

第3節では，ICT活用が，いま求められる重要な資質・能力の一つであることを説明しました。以下の節では，こうしたICTを児童生徒の学びとその評価に活用することについて説明していきます。第4節では，現在，具体的にどのようなツールが学校で利用可能なのかを説明し，第5節以降で，それを授業等の学びの中でどう活用して実施していくかの方法について述べていきます。

1　いま活用されているICT

学校教育の中では，どのようなICTを使うことができるのでしょうか。現在，学校では，教室内でいっせいに学んだり，協働で学んだりする場面や，家庭学習を含む個別学習などの学びの場面，体育祭や修学旅行など学校の内外で行われる学校行事の場面，部活動やボランティア活動などの課外活動での学びの場面など，さまざまな場面でICTが学びのツールとして活用されています

●表8-2 ICT活用に関する資質・能力

	ICT活用に関する資質・能力	説明
知識・技能	コンピュータの基本的な操作に関する知識・技能	コンピュータ（タブレット端末）の基本的な操作の知識・技能を身につけること。
	ソフトウェアの活用に関する知識・技能	コンピュータ（タブレット端末）の活用の方法およびソフトウェア（文書，表計算，プレゼンテーション）の活用の知識・技能を身につけること。
	情報の収集に関する知識・技能	コンピュータ（タブレット端末）を活用した情報の検索，調査，収集の知識・技能を身につけること。
	情報の記録・管理に関する知識・技能	コンピュータ（タブレット端末）による情報の記録，管理の知識・技能を身につけること。
	情報の共有に関する知識・技能	コンピュータ（タブレット端末）を活用した情報の共有の知識・技能を身につけること。
思考力・判断力・表現力等	情報を収集・選択する力	目的に応じてコンピュータ等の情報手段を適切に用いて，情報を収集し，選択する力を身につけること。
	情報を読み解く力	写真や画像資料，動画からさまざまな事象を捉える力を身につけること。
	情報を分析・整理する力	ソフトウェアなどを用いて情報を分析して整理する力を身につけること。
	複数の情報を結びつけながら考えを見いだす力	複数の情報を結びつけながら，新たな意味を見いだしたり，考えを深めたりする力を身につけること。
	情報の活用方法を判断する力	問題発見，解決に向けて，写真撮影や録画・録音，インターネットによる検索などの情報技術から適切かつ効果的な活用方法を判断する力を身につけること。
	情報を発信・伝達する力	得られた情報を相手の状況に応じてわかりやすく発信・伝達したり，発信者の意図を理解し，相手に質問やアドバイスをしたりする力を身につけること。
学びに向かう力・人間性等	情報を詳しく調べ確かめようとする態度	写真撮影や録画・録音，インターネット等の情報技術を用いて詳しく調べ確かめようとする態度を身につけること。
	情報の価値を見つけ出そうとする態度	複数の情報を整理して，その情報の価値を見つけ出そうとする態度を身につけること。
	他者と情報を共有し協働しようとする態度	他者と情報を共有し，他者の考えを受け入れようとしたり，他者に自分の考えや思いを伝えようとしたりする態度を身につけること。
	情報活用を改善しようとする態度	自らの情報活用を振り返り，問題に適用して有効に機能するか確かめようとする態度を身につけること。

（図8－1）。

　このさまざまな学びの過程では，たくさんの学びの記録が生成されます。これら学びの記録のすべては「ポートフォリオ」と呼ばれます。従来は，紙ベースのポートフォリオが主流で，現在も多くの学校等で利活用されていますが，図8－1のように現在では，児童生徒自身がタブレット端末などのICTを活用しながら，日々の学びを展開していくようになってきています。その学びの中では，ICTを通じてあらゆるポートフォリオが電子的に蓄積され，活用できるようになりました。それら電子的な学びの記録が「eポートフォリオ」です（森本・永田・小川・山川，2017）。eポートフォリオとは，児童生徒一人一人のさまざまな学習活動の電子的な記録のことであり，2つの役割を担っています。一つは，児童生徒が自分自身を成長させるためのツールとしての役割，もう一つは，自分が学んだことを他者に示すエビデンスとしての役割です。

　これからの教育においては，このeポートフォリオが，児童生徒の6年間や3年間の学びを支える存在となります。そのため，学びの中で生起されたeポートフォリオを，児童生徒の学びの促進にどのように利活用していくかが，教師や学校の課題になります。eポートフォリオは，授業での児童生徒の日々の学びだけではなく，家庭での学びや，部活動やボランティアなどの学びにも活用

●図8-1　学びに活用されるICT

することができます。また、教師にとっては、学習状況の把握や個に応じた学習支援にも役立ち、後々は大学入試における活動報告書や志望理由書の作成時にも大いに活用できるでしょう（森本，2018）。

■eポートフォリオの具体例

ここではeポートフォリオにはどのような種類があるのか、具体的なeポートフォリオには何があるのかを紹介します。

eポートフォリオは次ページの表8-3のように、「学習履歴」と「学習の記録」、それらと紐づいて記録される「評価の記録」に分類されます。学習履歴とは、ICT機器を使うと自動的に取得できるログデータ、または、単なる行動歴・経歴等の記録です。学習記録は、児童生徒の入力を伴う意図的な活動によって収集されるデータであり、自己評価や相互評価などの評価の記録と紐づいて同時に記録することが望まれます（森本，2018）。

2 ICTツールの分類

135ページの表8-4は、タブレット端末などのICT機器を介して利用されているICTツールやサービス、システムを、6つのタイプに分け、紹介したものです。タイプごとにICTの特性・強みがあり、学びの場面に応じて、これらを生かすことが期待されます。ただし、注意したいのは、ICTはあくまで学びの"ツール"であり、ただICTを導入するだけでは、児童生徒に育成したい資質・能力をはぐくむことは難しいということです。そのためICT活用を考える際には、まず、児童生徒にどのように学んでほしいのかをイメージし、そのうえでICTの特性・強みと照らし合わせ、使用するか否かを考えることが必要です。そして、実際にICTを使う際には、使わないときと同様に、児童生徒同士の対話を促したり、思考を誘発させるための「声かけ」をしたりといった教師の支援や工夫が必要不可欠となります。

なお、これらのツールやサービスは、フリー（無料）で使えるものと、有料のものがあります。また、ICT環境（ネットワーク環境や情報端末の種類など）を整えることが必要なものも多くあります。いずれもWebで情報を得ることができるものですので、より詳しくは、その名前を検索して調べてみてください。

第4部 ICTを活用した新しい学びと評価

●表8-3　eポートフォリオの種類

分類	項目		主な内容	説明
学習履歴	学習ログ		正課内の行動・活動履歴	授業等の内外における行動・活動の履歴　例）委員会活動の履歴
			正課外の行動・活動履歴	諸活動における行動・活動の履歴　例）ボランティア活動の履歴
	操作ログ		ICT機器の操作履歴	コンピュータやタブレット端末の操作履歴 例）教材の操作・書き込みの履歴
学習の記録	テスト・アンケート		テスト	テストとその結果　例）定期テストとその解き直しの記録
			アンケート	質問紙等のアンケートとその結果 例）授業に対する意識調査アンケートとその回答の記録
			発問	教師による発問とその回答　例）授業中の全体に対する問いかけとその回答の記録，個に対する問いかけとその回答の記録
	活動の様子		観察の記録	教師が児童生徒の活動等の様子を観察して記録したもの 例）委員会活動の様子を収めた写真，係活動の様子を記述した記録
	学習成果物		作品	授業や実習等で制作（製作）したもの 例）水彩画の下絵と完成した作品
			レポート	授業や実習等で作成された文書 例）調べたことをまとめたレポート，小論文
			日誌	自身の活動や振り返りを綴った文書　例）生活の記録，部活ノート
			作業物・収集物	学習の際に副次的に生成したり，収集したりしたもの 例）収集したWebページ，調べ学習でインタビューした記録
			実技	実技のパフォーマンスを記録したもの 例）体育の実技を撮った動画
			体験	体験した活動を記録したもの 例）ボランティア活動の体験の記録，職場体験の記録
			プレゼンテーション	プレゼンテーションを記録したもの 例）調べたことを発表している動画，演説を撮った動画
			議論	議論・討論した内容を記録したもの 例）生徒会議会での議論の記録，ディベート大会の動画
	思考プロセス		ワークシート	思考プロセスをワークシート等にそって記録したもの 例）思考ツールを活用したプリント，実験プリント
			メモ・ノート	獲得した知識や技能，思考したことや気づきなどを記録したもの 例）学習の中で考えを書いた記録，板書を写した記録
			対話	仲間，教師，他者との発話・やりとりを記録したもの 例）チャットの記録，対話の内容を記述した記録
	解決プロセス		演習の記録	演習したことを記録したもの 例）演習問題とその解答の記録，演習課題の解決過程の記録
			実習の記録	実習したことを記録したもの 例）教育実習ノート，看護実習の活動の記録
			課題解決の記録	設定した課題・問いや仮説を記録したもの，それを解決するための見通しや道筋を構想し記録したもの，実践した結果から課題・問いの解決策や仮説の妥当性・改善策など（の考察）を記録したもの 例）探究ファイル（探究活動の記録），「総合的な学習の時間」の学習，プリント集
評価の記録	ゴール設定		学習目標	設定した目標や課題を記録したもの　例）授業で設定した学習目標
			学習計画	学習の計画や見通しを記録したもの　例）家庭学習の学習計画表
	学習評価		自己評価	自己評価の内容を記録したもの　例）自身の振り返りの記録
			相互評価	相互評価の内容を記録したもの　例）仲間からのコメントの記録
			教員評価	教員評価の内容を記録したもの 例）教師からのフィードバックの記録
			他者評価	他者評価の内容を記録したもの 例）専門家からのフィードバックの記録
	成績		成績・評定	テストや実技等から得られた成績・評定　例）成績表
	認証・資格		表彰・顕彰	大会・コンクール等での表彰・顕彰の取得状況 例）自治体開催のコンクールでの入賞
			資格・検定	資格や検定，免許等の取得状況　例）英語検定2級

（森本，2018に一部加筆）

●表8-4 ICTツールの分類

大分類	小分類	説明	代表的なツールの例
学習教材	資料教材	資料等をデジタル化し，拡大や検索等が行える機能をもつ教材	筆順辞典 google map
	動画教材	アニメーションや動画を視聴する機能をもつ教材	NHK for School スタディサプリ
	ドリル教材	ドリル形式の問題を解くための機能や採点機能をもつ教材	ラインズドリル 小学館デジタルドリルシステム for school
	シミュレーション教材	実際に試行を行うことで学習や実習内容を学ぶための機能をもつ教材	Geogebra PhET
	デジタル教科書	教科書や教科書に関連する内容の閲覧，拡大や音声による読み上げなどの機能をもつ教材	国語デジタル教科書 デジタル教科書NEW HORIZON
学習ツール	成果物作成ツール	学習成果をドキュメントや動画として表現するためのツール	Microsoft Word Microsoft PowerPoint
	思考ツール	思考・判断を促すための支援ツール	Edraw 話し合い名人
	検索ツール	インターネット上の情報を検索するためのツール	Google Yahoo!JAPAN
	メディア再生ツール	動画を再生し，確認するためツール	Windows Media Player Fun!Lesson
	プログラミングツール	プログラミング的思考をはぐくむためのツール	Scratch Viscuit
授業支援ツール	クラスルーム用ツール	グループ内での情報の共有をリアルタイムに行うためのツール	SchoolTakt TruNote Classroom
	遠隔用ツール	遠隔地域にある学びの場とつなぎ，交流を行うためのツール	TeleOffice VQSコラボLearning
ソーシャル・ネットワーキング・サービス（SNS）	共有ストレージサービス	ファイルの保管・共有を行うためのサービス	DropBox GoogleDrive
	ドキュメント管理サービス	ドキュメントを作成・管理するためのサービス	Wiki Evernote
	交流サービス	登録された利用者同士が交流を行うためのサービス	Facebook Twitter
学校支援システム	LMS CMS	学校等の機関内における情報を一元的に管理し，児童生徒の学びを支援するためのシステム	Glexa まなびポケット
	eポートフォリオシステム	eポートフォリオを効率的かつ効果的に蓄積・活用するためのシステム	Mahara WebClass
	統合型教育支援システム	あらゆるICTツールの機能をあわせ持ち，全学的な教育を統合的にマネジメントすることをめざした支援システム	Classi スマートスタディ
校務支援システム		出席管理や成績処理などの機能を有することで，校務の情報化を支援するためのシステム	スズキ校務シリーズ エデュコムマネジャー C4th

5 ICTを活用した学びと学習評価

　続いて，本節では，こうしたICTツールを児童生徒の学びと学習評価で活用する際の考え方について解説します。

1　ICTを活用した学びとは

　ICT（特に，タブレット端末と電子黒板など）を活用した授業は，小学校を中心にすでに多くの実践がなされてきています。それらの授業をのぞくと，子どもたちが笑顔で対話しながら夢中になってICTを活用して学びに取り組んでいる姿が目に飛び込んできます。かつての，教室にチョークと教師の声が響き，静粛の中で児童生徒が黙々とノートに向かい何かを書き続けているような風景はもうありません。

　新学習指導要領では，「学びの成果として，生きて働く『知識・技能』，未知の状況にも対応できる『思考力・判断力・表現力等』，学びを人生や社会に生かそうとする『学びに向かう力・人間性等』を身につけていくためには，学びの過程において子どもたちが，主体的に学ぶことの意味と自分の人生や社会の在り方を結びつけたり，多様な人との対話を通じて考えを広げたりしていることが重要である。」とし，「主体的・対話的で深い学び」（アクティブ・ラーニング）を実現することの意義や授業改善の取り組みの重要性が強調されています（文部科学省，2016c）。ICTを活用した学びとは，まさに児童生徒自らが，協働的に学びに取り組み，学習活動を振り返って次につなげる「主体的・対話的で深い学び」の過程そのものといっても過言ではありません。すなわち，子どもたちが，ICTを活用し，主体的に，対話的に，深く学んでいくことによって，学習内容を人生や社会の在り方と結びつけて深く理解したり，未来を切り開くために必要な資質・能力を身につけたり，生涯にわたって能動的（アクティブ）に学び続けたりすることができ，それぞれの興味や関心をもとに，自分の個性に応じた学びを実現していくことができると考えられるのです。

　では，「主体的・対話的で深い学び」を実現するには，どのような視点で，ICTを活用した学びをデザインしたらよいのでしょうか。この「主体的・対話

的で深い学び」とは，単なるグループ学習ではありません。一斉学習，仲間同士で互恵的に学び合う協働学習，個別学習と必要に応じて形を変えながら，児童生徒が習得した知識・技能を活用し，思考・判断・表現を繰り返し探究的に学び続ける深い学びであり，仲間・教師・自分との対話を通し，主体的に学んでいくものです。これらの学びを深化させ，それぞれの学びをシームレス（途切れることがないよう）につなぎ合わせて，あたかも大きなひとつながりの学びに引き上げてくれることが，ICTの重要な役目の一つなのです。

2　ICTを活用した学びにおける学習評価

　学習評価の基本的な考え方として，2010年3月に中教審の初等中等教育分科会・教育課程部会がまとめた報告「児童生徒の学習評価の在り方について」では，学習評価は，学校における教育活動に関し，子どもたちの学習状況を評価するものであり，学習評価を行うにあたっては，子どもたち一人一人に学習指導要領の内容が確実に定着するよう，学習指導の改善につなげていくことが重要であると述べています（文部科学省，2010）。

　これを受け，国立教育政策研究所（2012）の「評価規準の作成，評価方法等の工夫改善のための参考資料」では，目標に準拠した評価による観点別学習状況の評価と評定の着実な実施を求めており，評価方法について，「評価の観点や評価規準，評価の場面や生徒の発達の段階に応じて，観察，生徒との対話，ノート，ワークシート，学習カード，作品，レポート，ペーパーテスト，質問紙，面接などのさまざまな評価方法の中から，その場面における生徒の学習状況を的確に評価できる方法を選択していくことが必要である。加えて，生徒による自己評価や生徒同士の相互評価を工夫することも考えられる。」として，いわゆるポートフォリオを活用した評価方法を薦めています。一方，新学習指導要領解説・総則編では，より具体的に「資質・能力のバランスのとれた学習評価を行っていくためには，指導と評価の一体化を図る中で，論述やレポートの作成，発表，グループでの話合い，作品の制作等といった多様な活動を評価の対象とし，ペーパーテストの結果にとどまらない，多面的・多角的な評価を行っていくことが必要である。」としています（文部科学省，2017a）。

　この多面的・多角的な評価に際しては，ICT（例えば，タブレット端末）を

利用し，子どもたちの学びのあらゆる記録を電子的に蓄積・活用できるようにした「eポートフォリオ」を用いることで，テストだけでは測ることができなかった，思考力や問題解決能力，協働する力や主体性までをも見える化できるため，効果的な学習評価が可能になると期待されています。

つまり，これからの学びで求められる学習評価は，学びの中に評価の活動を組み込むことが特徴で，ICTを活用することで学びを促進させるとともに，蓄積した学びの記録（eポートフォリオ）をエビデンスとして用いて，学習目標にどれだけ近づいたかだけでなく，個人内での進歩や，その児童生徒のよさ，可能性までも評価しようとしているのです。

6 ICTを活用した学びと評価のデザイン

ここまで，学びにおけるICT活用の重要性について説明してきました。これを受けて，本節では，ICTを活用した学びとその評価のデザイン方法について説明し，その後，実際の事例ついて紹介します。

1 学習活動パターン

ICTを活用した学びは，9つの学習活動パターンの有限回の組み合わせで実現することができます（森本・伊藤・丸山・宮澤，2017）。以降，これらパターンについて，次ページの図8-2の「学習活動パターンの見方」に従って，図で説明します。

学習活動パターンの名前と概要

学習活動パターンの概要と，他の学習活動パターンとどのように組み合わせることができるかについて説明しています。

パターン1

解答・回答

教師が提示する問題やアンケートに，児童生徒が解答・回答したりする活動です。この活動で解答・回答したものを活用して，間違えた理由などを考え（思考・判断・表現），解き直しなどを行います。

【学習面からみた活動例】

○児童生徒
- 電子黒板に掲示された演習問題を見て，ノートに解く。
- 発問に対する解答を記したノートを写真に撮って記録する。
- タブレットに配信されたアンケートに回答する。

○教師
- 宿題の解答の記録を電子黒板で提示しながら，発問する。
- 解答の様子を見て，児童生徒が正解できるぎりぎりのヒントを出す。

【学習評価のポイント・留意点】

○児童生徒
- 問題演習の解答を見て，解き直しをする。
- 一度間違え，解き直した問題は，なぜできなかったのか，どうしたらできるようになったのかを振り返る。
- 問題演習を振り返って，次に似たような問題が出たときどうすればよいか教訓を考える。

○教師
- クラスの回答状況を集計し，その集計結果に応じてその場で授業の進め方を改善する。
- 児童生徒の解答の記録を見て，どのように解いたのかを問いかけ，学習状況を把握する。

学習面からみた活動例

児童生徒がICTを活用してどのように学習活動を行うか，および，教師がICTを活用してどのように学習活動を支援するかの例を示しています。

学習評価のポイント・留意点

児童生徒や教師が学習評価を行う際のポイントや留意点について例を示しています。

● 図8-2　学習活動パターンの見方

パターン1

解答・回答

教師が提示する問題やアンケートに、児童生徒が解答・回答したりする活動です。この活動で解答・回答したものを活用して、間違えた理由などを考え（思考・判断・表現）、解き直しなどを行います。

【学習面からみた活動例】

○児童生徒
・電子黒板に提示された演習問題を見て、ノートに解く。
・発問に対する解答を記したノートを写真に撮って記録する。
・タブレットに配信されたアンケートに回答する。

○教師
・宿題の解答の記録を電子黒板で提示しながら、発問する。
・解答の様子を見て、児童生徒が正解できるぎりぎりのヒントを出す。

【学習評価のポイント・留意点】

○児童生徒
・問題演習の解答を見て、解き直しをする。
・一度間違え、解き直した問題は、なぜできなかったのか、どうしたらできるようになったのかを振り返る。
・問題演習を振り返って、次に似たような問題が出たときどうすればよいか教訓を考える。

○教師
・クラスの回答状況を集計し、その集計結果に応じてその場で授業の進め方を改善する。
・児童生徒の解答の記録を見て、どのように解いたのかを問いかけ、学習状況を把握する。

パターン2

作　成

作成したいもののアイディアを出し、実際に作品を作ったり、自分の考えをさらに発展的に考え、レポートを作成したりする活動です。アイディアのメモ（思考・判断・表現したもの）や情報収集、作業したものを活用して、作成します。

【学習面からみた活動例】

○児童生徒
・作品の下描きや実際に作成している作品を写真に撮り、イメージを実現できているかを確認しながら作成する。
・レポートを文書作成ソフトで作成し、修正を加えるごとに改善点をあわせて記録する。

○教師
・児童生徒が作品を作っている最中に、その途中の作品を写真に撮り、それらを全体に共有する。

【学習評価のポイント・留意点】

○児童生徒
・イメージを描いた下描きや作成した作品を見て、作りたいイメージを実現できたかどうかを評価する。
・仲間や自分のレポートを見て、次にどう改善するかの指標としてルーブリックを用いながら、作成したレポートを評価（自己評価・相互）する。

○教師
・改善前のレポートの記録と改善後の記録を比較し、どのくらい改善できたのかを把握する。
・下描きや作成した作品を見て、見通しをもって作品作りができたか、フィードバックする。

パターン3

実技

児童生徒が実技を行う活動です。この活動で撮影した実技の動画などを見て，どのように改善するかなどを考え（思考・判断・表現），次の実技を行います。

【学習面からみた活動例】

○児童生徒
・実技を行っている場面を仲間同士で撮り合い，見本の動画教材と自分の実技の動画を並べて比較する。
・撮った実技の動画を適宜止めたりスローで再生し，自分の実技を客観的に確認する。

○教師
・動画教材を使って見本となる動画を提示する。
・これまでにためた実技の動画を，授業のはじめに教材として提示する。

【学習評価のポイント・留意点】

○児童生徒
・実技の動画を見て，次にどのように改善すればよいか，仲間と考えを話し合う。
・これまでの実技の記録を見返し，自分の変容を把握する。

○教師
・児童生徒の実技の記録を見て，改善のポイントをアドバイスする。
・これまでの実技の記録を比較し，個人内での変容を把握する。

パターン4

プレゼンテーション

伝えたい情報を，どのように他者に伝えるのかを考え，それをもとに発表し，伝達する活動です。作成した発表資料などをもとに，プレゼンテーションを行います。

【学習面からみた活動例】

○児童生徒
・プレゼンテーション用ソフトウェアを用いて，伝えたい情報をプレゼン資料として作成する。
・電子黒板やプロジェクター，タブレットを活用して，プレゼンテーションを行う。

○教師
・発表者のプレゼンテーションに対して，他の児童生徒が評価を行う活動を支援する。

【学習評価のポイント・留意点】

○児童生徒
・仲間のプレゼンテーションを見て，プレゼンテーションの仕方や発表内容についてコメント（相互評価）する。
・自分のプレゼンテーションの記録を見て，伝えたいことが相手に伝わるプレゼンテーションができたか振り返り，プレゼンテーションする経験を通して何が学べたか，次にどうつなげていくかを考える。

○教師
・児童生徒のプレゼンテーションの記録を，児童生徒と共に見ながら，発表の仕方をアドバイスする。
・以前のプレゼンテーションの様子の記録と比較し，個人内での変容を把握する。

第4部 ICTを活用した新しい学びと評価

パターン5

議論

議論の目的を確認し、自分の意見をもって、目的の達成に向けて児童生徒同士で議論し、結論を導く活動です。情報収集したものや、自分の意見を書いたワークシート（思考・判断・表現したもの）などを活用して、議論します。

【学習面からみた活動例】

○児童生徒
- 自分の意見の根拠として、インターネットで収集した資料や自分の考えをまとめ記録した資料を提示しながら、相手に主張する。
- 議論の内容を黒板に書きながら、議論を進め、最後に黒板を写真に撮って記録する。

○教師
- グループの議論の結果を電子黒板やスクリーンなどに提示し、クラス全体で共有する。

【学習評価のポイント・留意点】

○児童生徒
- 議論の記録を見て、議論を円滑に進めることができたか振り返り、何を学んだのか、これからの学びにどうつなげるかを考える。

○教師
- 議論の記録を見て、グループで考えを形成できたのかを把握する。
- 議論の結果や議論するなかで生まれた記録を見て、議論の仕方をアドバイスする。

パターン6

作業

課題の目的や内容に応じて作業の方法を考え、実際にデータの整理や作図などを行う作業的な活動です。情報収集したものなどを活用して、作業します。また、この活動で生成した作業したものを活用し、思考したり、作成したりします。

【学習面からみた活動例】

○児童生徒
- 課題の目的や内容を確認し、見通しをもって作業にあたる。
- 表計算ソフトを使って、収集した情報の整理を行う。
- 作業したものを写真に撮って記録する。

○教師
- 実際の作業の様子を書画カメラで全体に提示し、作業の仕方を説明する。

【学習評価のポイント・留意点】

○児童生徒
- データの処理結果を見て、処理方法が適切だったかどうかを仲間と確認（相互評価）し合う。
- 自身の作業について振り返り、作業の結果が次の学びにどのようにつながるのかを考える。

○教師
- 作業の様子を見て、目的に応じた方法を選択できているかどうか把握し、適宜アドバイスする。
- 作業を通して何を学べたのかを評価する。

パターン7

思考・判断・表現

「①思考・判断」と「②表現」は合わせて使います。他の学習活動パターンと組み合わせることで，その学習活動自体が促進されます。

①思考・判断

ある学習上の課題について思考し，それら思考したことをもとに判断する活動です。

【学習面からみた活動例】

○児童生徒
・教師の用意したワークシートを見て，思考したことをワークシートに記録し，それらをタブレットに蓄積する。
・思考ツールを使って，考え方の枠組みにそって考えを書き出し，思考を深める。

○教師
・考えの異なる児童生徒のワークシートを電子黒板に並べて提示し，児童生徒の思考・判断を促す。

【学習評価のポイント・留意点】

○児童生徒
・思考・判断した記録を見て，仲間と見合い話し合う。
・思考・判断した一連の記録を見ながら，自分の思考の過程を把握する。

○教師
・児童生徒の思考・判断した記録を見て，学習状況を把握し，さらなる思考・判断を促すための声かけをする。

②表現

思考したことや，判断したことを文字や図，言葉，身体で表現する活動です。

【学習面からみた活動例】

○児童生徒
・タブレットに蓄積されたワークシートを見て，考えたこと（思考・判断したこと）を踏まえて，自分の考えを文字で記述し相手に伝える。

○教師
・全体に共有したい児童生徒のワークシートやノートを写真に撮り，電子黒板などに映し出し，児童生徒が説明するよう促す。
・児童生徒の書いた記述が，どのような思考・判断をもとに記述されたのかをそれまでのワークシートを見て理解する。

【学習評価のポイント・留意点】

○児童生徒
・表現した記録を見返し，自分の思考や判断の過程を振り返る。
・仲間の思考・判断したことの表現の記録を見て，コメント（相互評価）し合う。

○教師
・児童生徒が文字や図で表現した記録を見て，どのように思考・判断したのかを把握し，フィードバックをする。

より思考・判断を深めるポイント

学習活動パターンの「思考・判断」「表現」は，新学習指導要領などであげられている「思考力・判断力・表現力」をはぐくむための学習活動です。ここでは，実際に思考・判断を行う学習活動をより促進させるための「声かけ」の例を紹介します。

「声かけ」は，「発問」や「質問」とは異なり，児童生徒の気づき（メタ認知）を引き出すための言葉かけです。個の学習状況に応じて活用してください。

思考の種類	声かけの例
予想する	〜はどうなると思いますか？
理由づける	どうして〜になるのですか？
比較する	〜はどう変わりましたか？
関係を見つける	〜はどのような関係がありますか？
分類する	〜はどのように分けられますか？
多面的にとらえる	もし〜なら，どうなりますか？
広げる	〜からどのようなことが思い浮かびますか？
捉える	〜はどんな特徴がありますか？
解釈する	〜から何がわかりますか？
まとめる	〜をまとめると何が言えますか？

判断の種類	声かけの例
選択する	〜なのはどちらでしょうか？
決定する	〜から，どんなことが言えますか？
検証する	結果はどうなりましたか？

> 児童生徒が自分自身に声かけをして思考・判断したり（自問自答），相互評価活動で，仲間同士で互いに声かけをしたりできるよう支援していくことも大切です。

パターン8　情報収集

課題の目的や内容に応じて情報手段を選択し，必要な情報を選択しながら収集する活動です。この活動で収集した情報を，まとめ（思考し）たり，処理（作業）したりします。

【学習面からみた活動例】

○児童生徒
・インターネットや書籍などから情報を収集したり，体験や実地調査を通して情報を収集する。
・収集した情報をテキストメモや写真に撮って記録する。

○教師
・ICT機器を操作している様子をスクリーンに拡大提示しながら，情報収集の方法を説明する。

【学習評価のポイント・留意点】

○児童生徒
・収集した情報を見て，目的に合った情報手段を使えたかどうか，適切に情報の取捨選択を行えたかを振り返る。
・収集した情報を見て，必要な情報を集められたかどうか確認する。

○教師
・児童生徒が集めた情報や情報収集の様子を見て，目的に合った情報収集の手段が使えているか把握し，アドバイスする。

第8章 ICTを活用した学びと評価

パターン9

課題解決・探究

児童生徒が課題を解決していくために，必要となる活動です。「①課題設定と方略立て」と「②課題の検証」に，他の学習活動パターンを組み合わせることで，課題解決学習や探究的な学びとなっていきます。

課題解決・探究のステップ
1. 問題意識を形成する
2. テーマを決める
3. 問いを設定する
(4. 仮説を立てる)
5. 計画を立てる
6. 情報を収集する
7. 情報を整理・分析する
(8. 仮説を検証する)
9. 成果物を作成する
10. 共有する
11. 成果を評価する

「4. 仮説を立てる」，「8. 仮説を検証する」のステップを含むことで，より学術的に深く探究していくことができます。

①課題設定と方略立て

課題やそれに対する仮説，解決するための方略を立てる活動です。

【学習面からみた活動例】

○児童生徒
- これまでに蓄積されたさまざまな学びの記録を見ながら，解決する課題を決定する。
- どのように課題を解決していくのか，必要な情報を収集しながら方略を立てる。

○教師
- 見通しをもって課題解決を進めようとしている児童生徒の課題設定の記録を，クラス全体で共有する。

【学習評価のポイント・留意点】

○児童生徒
- 課題を設定した記録を見て，課題を設定した理由を振り返り，方略を立てる活動につなげる。
- 仲間と立てた方略を見ながら，対話し，改善する。

○教師
- 児童生徒が決定した課題や方略の記録を見て，これからの活動につながるようフィードバックをする。

②課題の検証

設定した課題や問いを解決することができたのか，自分の成果を評価する活動です。

【学習面からみた活動例】

○児童生徒
- はじめに立てた課題を解決することができたのか，また，解決した内容を他者に適切に伝えることができたのかなど，自分の成果を評価する。

○教師
- 課題や問いを解決できたかどうかを一点で捉えるのではなく，それまでの課題解決のプロセスを一から振り返って自らの成果を評価するよう促す。

【学習評価のポイント・留意点】

○児童生徒
- 仲間の成果の評価の記録を見て，アドバイスやコメント（相互評価）をすることで，自らの次の課題解決につなげる。

○教師
- 児童生徒の課題解決のプロセスや，その成果の評価の記録を見て，新たな課題設定につながるようフィードバックをする。

2 ICTを活用した学びと評価の事例

前節の学習活動パターンを上手く組み合わせることで，ICTを活用した学びをデザインすることができます。ここでは，それについてより具体的に理解してもらうために，学習活動パターンを組み合わせて，実際にデザインした代表的な4つの事例について紹介します。

事例1：授業におけるICT活用
校種／場面：小学5年／体育のバスケットボールの授業
使用する学習活動パターン：実技，議論
使用するツール：動画教材，メディア再生ツール，統合型教育支援システム

■授業の流れ

	○学習活動	eポートフォリオ （○学習の記録 ◎評価の記録）	◎学習評価活動の例 ・留意点・ポイント	ICTツール
導入	○本時のねらいを確認し，チームごとに準備運動をする。		・教師は，児童が十分に準備運動できているか確認する。	
展開	○チームごとにシュートやパスの練習を行う。 パターン3 実技	○実技	・児童は，仲間と練習の様子をタブレットで撮り合い，見本の動画教材と見比べたり，撮影した動画を指さしながら改善方法についてアドバイスしたりする。	動画教材 メディア再生ツール
	○チームごとに，前回までの試合の動画や作戦カード等を見返しながら，試合の作戦会議を行う。 パターン5 議論	○議論	・教師は，児童の議論の様子を見て，それぞれのチームに応じて作戦が立てられているか把握し，議論を促す。	統合型教育支援システム
	○ゲームを行い，見学しているチームがタブレットで動画撮影する。 パターン3 実技	○実技	・教師は，児童の実技の様子を見て，作戦に応じた動きの工夫が見られるか，仲間と協力してプレーしているか把握し，支援を行う。	
まとめ	○ゲームの動画やゲーム前に立てた作戦カードを見返しながら，チームで授業のまとめを行う。	◎相互評価の記録 ◎自己評価の記録	◎児童は，実技の動画や作戦会議の記録を見返して，授業内で行った作戦会議や練習，ゲームについてチーム内で評価し合う。 ◎児童は，相互評価を踏まえ，自分が何を改善すべきか，次に気をつけることは何か考える。	メディア再生ツール

〈事例1〉ICT活用のポイント

ポイント①　動画教材と自分の動きを比較して自ら改善の仕方を考える

　児童は、タブレットに入ったバスケットボールの動画教材を活用することで、自分が見たいタイミングで、見本を見ることができます。また、メディア再生ツールを活用して、見本となる動画教材と、仲間に撮影してもらった自分の実技を比較することで、どこが異なり、どこを改善すればよいのかを、自分の目で見て考えることができます。さらに、仲間

の実技もビデオに撮ることで、動画を見ながら、仲間の動きを何度も確認したり、スローで再生したり、ポイントで静止させたりすることができるため、ただ実技を見ているだけのときよりも、より明確にアドバイスをすることが可能となり、児童同士の対話が促され、より学びが深まります。

ポイント②　統合型教育支援システムを活用してゲームの動画と作戦カードを記録する

　ゲームの記録や、そのときのチームの作戦カード、作戦ボードの写真、先生からもらったフィードバックなどを、毎回のゲームごとに統合型教育支援システムにためておくことで、児童は授業を通して得た学びを次々と思い出すことができます。また、ゲームを重ねるごとに個人の実技やチーム全体の動きが

どのように変わったのか、個人内の変容を把握することができるようになるため、ゲームの記録と作戦の記録をあわせて見返すことで、チームで練った作戦が効果的だったかといったことや作戦の立て方を振り返ることも可能となります。

第4部 ICTを活用した新しい学びと評価

事例2：単元を通したICT活用
校種／場面：中学2年／数学の二次方程式の単元
使用する学習活動パターン： 思考・判断・表現，解答・回答，作業
使用するツール： ドリル教材，クラスルーム用ツール，シミュレーション教材

■授業の流れ

	○学習活動	eポートフォリオ （○学習の記録 ◎評価の記録）	◎学習評価活動の例 ・留意点・ポイント	ICTツール
1/9 時間目	○一次関数の復習を行い，比例や反比例の関係で表せない事象について考える。 パターン7　思考・判断・表現	○ワークシート	・教師は，演習の記録やワークシートを見て，学習状況を把握し，支援を行う。	クラスルーム用ツール
家庭学習	○2つ変数の関係が二次関数であるかについて考える問題を，ドリル教材で取り組む。 パターン1　解答・回答	○演習の記録	・教師は授業前に，生徒の演習の記録を見て，生徒の宿題の状況を把握し，授業改善に活用する。	ドリル教材
2/9 時間目	○家庭学習で演習した内容をもとに，一次関数と二次関数の違いを仲間と話し合う。 パターン7　思考・判断・表現	○対話	・教師は，対話の様子を見て，学習の状況を把握し，声かけを行う。	クラスルーム用ツール
	○2つの変数の関係を示した表を，どのようにグラフに表すか考える。 パターン7　思考・判断・表現	○ワークシート	・教師は，ワークシートを見て，学習の状況を把握し，家庭学習で行う問題を生徒と考える。	クラスルーム用ツール
家庭学習	○グラフの作成・読み取りに関する問題をドリル教材で取り組む。 パターン1　解答・回答	○演習の記録	・教師は授業前に，生徒の演習の記録を見て，生徒の宿題の状況を把握し，授業改善に活用する。	ドリル教材
3/9 時間目	○前時と家庭学習で演習した内容をもとに，シミュレーション教材を用いて，複数のグラフを作成する。 パターン6　作業	○ワークシート ○観察の記録	・教師は，生徒の試行の様子や作成したグラフを見て，課題に取り組む態度を観察する。	シミュレーション教材
	○作成したグラフをもとに二次関数の特徴を考え，全体で共有しながら発表する。 パターン7　思考・判断・表現	○ワークシート	・教師は，発表の様子やワークシートを見て，児童生徒の学習状況を把握し，声かけを行う。	クラスルーム用ツール
	○各グループの考えをもとに，二次関数の特徴をまとめる。	◎自己評価の記録	◎生徒は，授業を通して何を学んだのか評価し，次の学びにつなげる。	クラスルーム用ツール
⋮	⋮	⋮	⋮	

〈事例2〉ICT活用のポイント

ポイント①　ドリル教材を活用して家庭学習に取り組む

　ドリル教材は，単に問題の演習を行い，正誤の確認をするために使うのではなく，前の授業内容に関連する問題や次の授業につながる問題を家庭学習として取り組み，そこで得た気づきをもとに次の授業に挑む，といった活用が効果的です。また，ドリル教材をより有効活用していくためには，生徒が自分なりの目標を立て，その達成のために，どのコンテンツに取り組むか，1問1問どうしたらできるようになったのかなど，考えながら取り組むことがポイントです。

　このような工夫をすることで，ドリル教材を反転授業の教材として活用でき，家庭学習を介して，単元を一つのシームレスな学びとしてデザインすることが可能となります。

ポイント②　シミュレーション教材を使って自ら気づく

　生徒は，何度もシミュレーションできるようなツールを活用することで，数値を大きくしたらグラフの形がどうなるか，正負を入れかえたらグラフの向きがどうなるかなどを簡単に試すことができます。作成した複数のグラフを並べて比較することで，生徒が自ら，二次関数の特徴に気づいたり，関数の性質を見いだしたりする際の支援となります。

ポイント③　クラスルーム用ツールを活用して自分の考えを説明する

　クラスルーム用ツールを活用することで，生徒は簡単に，ワークシートをクラス全体に共有することできます。生徒同士で話し合う際には，ワークシートを写真に撮ってクラスルーム用ツールを活用して共有し，仲間に見せながら説明することで，より対話が活発になり，学びを深めることができます。

第4部　ICTを活用した新しい学びと評価

```
事例3：修学旅行におけるICT活用
校種／場面：中学3年／修学旅行
使用する学習活動パターン：情報収集，思考・判断・表現，作成，プレゼンテーション
使用するツール：　共有ストレージサービス，成果物作成ツール，検索ツール
```

■授業の流れ

	○学習活動	eポートフォリオ（○学習の記録 ◎評価の記録）	◎学習評価活動の例・留意点・ポイント	ICTツール
修学旅行前	○京都への修学旅行の班別自主研修に向け，計画を立てるための情報を収集し，それをもとに，計画を立てる。 パターン8　情報収集	○作業物・収集物	・教師は，生徒が収集した情報および生徒が立てた計画を見て，修学旅行での活動の見通しが立っているか，実現可能性があるかを確認する。	共有ストレージサービス 検索ツール
修学旅行中	○立てた計画をもとに，京都の寺院を訪れたり，体験活動を行ったりする。その際，タブレットを活用して写真に収めながら活動を進める。 パターン8　情報収集	○作業物・収集物 ○体験の記録 ○観察の記録 ◎自己評価の記録	・生徒は，班別自主研修の中での記録を見ながら，グループのメンバーで，現地での活動についてコメントし合う。 ・生徒は，体験の記録を見て，自分の活動について評価する。	
修学旅行後	○収集した情報や，体験活動を経て学んだことや感じたことを踏まえ，伝えたいことを考え，プレゼンテーションのための資料を作成する。 パターン7　思考・判断・表現 パターン2　作成	○作業物・収集物 ○プレゼンテーション ◎自己評価の記録	◎生徒は，修学旅行の中で得た情報を踏まえて，伝えたいことを伝えられる資料を作成することができているかを評価する。	成果物作成ツール
	○資料をもとに，プレゼンテーションを行う。 パターン4　プレゼンテーション	○プレゼンテーション ◎相互評価の記録 ◎自己評価の記録	◎生徒は，他の班のプレゼンテーションを見て評価する。 ◎生徒は，相互評価を踏まえて，自身の班のプレゼンテーションについて，伝えたいことを伝えることができたのかを評価する。 ・教師は，生徒が行ったプレゼンテーションや自己評価の記録を見て，次にどうつなげるかアドバイスをする。	

〈事例3〉ICT活用のポイント
ポイント①　タブレットのカメラ機能を活用する

　修学旅行の現地調査では，タブレットのカメラ機能の活用が有効です。修学旅行では，現地でしか見られないことや時間がたつと忘れてしまうことを見たり，感じたり，または，現地の人にインタビューすることで情報を収集することなどが考えられます。そのときにタブレットを活用すれば，簡単に写真や動画を残すことができ，後で振り返ったときに，そのときの状況や感じたことを思い出しやすくなります。また，写真や動画を撮ろうとすること自体が，現地でしか得られないことを得よう，だれかにこの活動を伝えたい，といった主体的な活動につながり，新たな気づきを得るきっかけになります。

ポイント②　共有ストレージサービスを活用して記録を共有する

　修学旅行での学びにおいて，共有ストレージサービスを活用すると，生徒は，体験活動や情報収集の際に撮った写真や動画，プレゼンテーションの資料やその様子を撮った動画などを，いつでも，どこでも蓄積することができたり，それらの記録を見返すことができたりします。また，クラス内でそれらの記録を共有することで，他の生徒の記録を容易に見ることができることも，共有ストレージサービスを活用する利点です。

　これらを活用することで，例えば，同じグループ内で同等の体験活動をしていても，他の生徒が撮った異なる視点からの写真・動画を見ることにより，自分ひとりでは得ることができなかった新たな気づきを得ることができるのです。

第4部 ICTを活用した新しい学びと評価

事例4：探究的な学びにおけるICT活用
校種／場面：高校2年／探究的な学び
使用する学習活動パターン：思考・判断・表現，課題解決・探究，情報収集，作成
使用するツール：統合型教育支援システム，思考ツール，検索ツール，成果物作成ツール

■授業の流れ

	○学習活動	eポートフォリオ （○学習の記録 ◎評価の記録）	◎学習評価活動の例 ・留意点・ポイント	ICTツール
第一段階	○「自分が住む地域」についての視野を広げるため，マインドマップを活用する。 パターン7　思考・判断・表現	○課題解決の記録	・教師は，作成されたマインドマップを見て，グループの状況を把握し，授業改善に活用する。	統合型教育支援システム 思考ツール
	○マインドマップをもとに，興味・関心にそった具体的な問いを立てる。 パターン9　課題解決・探究	○課題解決の記録	・教師は，生徒が立てた問いを見て，今後解決していくことができる適切な問いであるのかを確認する。	
	○課題をどのように解決していくのか，計画を立てる。 パターン9　課題解決・探究	○課題解決の記録	・教師は，生徒が立てた計画を見ながら，今後の見通しをもって計画を立てるように促す。	
第二段階	○課題を解決するために必要な情報をWebやインターネット，インタビューで情報を収集する。 パターン8　情報収集	○作業物・収集物 ○観察の記録	・生徒は，収集した情報を見せ合いながら，立てた計画にそって進められているかコメントし合う。	検索ツール
第三段階	○収集した情報を整理・分析し，さらに，自分の考えを形成する。 パターン7　思考・判断・表現	○課題解決の記録	・教師は，論理立った考えを形成することができるように声かけをする。	
第四段階	○これまでの活動において蓄積された記録を踏まえて，各自でレポートを作成する。 パターン2　作成	○レポート ◎相互評価の記録 ◎自己評価の記録	◎生徒は，グループのメンバーが作成したレポートを見て，ルーブリックを用いて評価する。 ◎生徒は，相互評価を踏まえて，自分のレポートについて評価し，改善につなげる。	成果物作成ツール
	○探究的な学びの成果を評価する。 パターン9　課題解決・探究	○課題解決の記録 ◎自己評価の記録	◎生徒は，これまでの探究活動について評価し，次の学びにつなげる。	

■ 〈事例4〉ICT活用のポイント

ポイント①　思考ツールを活用して考えを広げる

　視野を広げるためには，思考を広げることを目的とした思考ツールを活用することが考えられます。紙で行うことも可能ですが，思考ツールをタブレット上で使うことで，書きたしや書き直しを容易に行うことができ，自分の思考を広げ，整理していくことができます。なお，タブレット上での思考ツールの活用が困難な場合は，紙で行い，その記録を写真に撮ることで，eポートフォリオとして管理することもできます。

ポイント②　統合型教育支援システムを活用して探究的な学びを一元管理する

　探究的な学びを行う際に，統合型教育支援システムを活用し，問いや解決のための方略を立てた記録，収集した情報や成果物，そのときの気づきや振り返りの記録といった，探究的な学びにおけるあらゆる学びの記録を蓄積します。これにより，探究的な学びを振り返る際に，生徒は，それらの記録を見返して，探究的な学びを一つの大きな学びとして思い出すことができます。具体的には，蓄積された記録を見返すことにより，自分がどのように問いを立て，それを解決してきたのか，探究的な学びを通して自分の考えや思いはどのように変容してきたのか，といった自分の成長・変容を把握することができます。また，一つ一つの活動を途切れたものではなく，一つの大きな学びとしてとらえて振り返ることで，活動中は気づくことができなかった新たな気づきを得ることができるので，次の学びにつなげることができます。

7 まとめ

　本章では，なぜいまICTの活用が求められているのかについて説明し，具体的にICTをどのように授業等の学びの中で活用し，学習評価を行うかの方法について説明しました。学びにおける教師の役割は，知識を単に教え込むのではなく，いかに児童生徒に気づきを与えられるか（メタ認知を誘発させることができるか）に大きく変わったと言えます。「主体的・対話的で深い学び」において，より気づきが増えたか，より仲間同士，教師，自分自身との対話が増えたか，その結果，より主体的に学びに取り組めるようになったか，がとても大切なポイントです。ICTの活用は，まさにそのカギとなる手だてだと言えるでしょう。

　「主体的・対話的で深い学び」は，学習者の学習に関する行動（学習行動），教師の指導に関する行動（指導行動），学習者および教師の学習評価に関する行動（評価行動）が，学びのエビデンスであるeポートフォリオを介して有機的につながっており，これらを組み合わせることによって実現することができます（森本・伊藤・丸山・宮澤，2017）。そのためにぜひ，本章の第5，6節を参考にしていただき，ICTを活用した学びとその評価の実践に役立ててください。

(引用文献)

Griffin, P., McGaw, B., & Care, E. (Eds.). (2012). *Assessment and teaching of 21st century skills*. Dordrecht, The Netherlands: Springer.（グリフィン，P・マクゴー，B・ケア，E（編）　三宅　なほみ（監訳）(2014).　21世紀型スキル ―― 学びと評価の新たなかたち ―― 北大路書房）

国立教育政策研究所（2012）. 評価規準の作成　評価方法等の工夫改善のための参考資料　Retrieved from http://www.nier.go.jp/kaihatsu/shidousiryou.html（2018年10月1日）

松下　佳代（編著）（2014）. "新しい能力"は教育を変えるか　ミネルヴァ書房

文部科学省（2010）. 児童生徒の学習評価の在り方について（報告）中央教育審議会初等中等教育分科会教育課程部会　Retrieved from http://www.mext.go.jp/b_menu/shingi/chukyo/chukyo3/004/gaiyou/attach/1292216.htm（2018年10月1日）

文部科学省（2016a）.「2020年代に向けた教育の情報化に関する懇談会」最終まとめ　2020年代に向けた教育の情報化に関する懇談会　Retrieved from http://www.mext.go.jp/b_menu/houdou/28/07/__icsFiles/afieldfile/2016/07/29/1375100_01_1_1.pdf（2018年10月1日）

文部科学省（2016b）. 情報ワーキンググループにおける審議の取りまとめ（報告）中央教育審議会初等中等教育分科会教育課程部会　Retrieved from http://www.mext.go.jp/b_menu/shingi/chukyo/chukyo3/059/sonota/__icsFiles/afieldfile/2016/09/12/1377017_1.pdf（2018年10月1日）

文部科学省（2016c）. 幼稚園,小学校,中学校,高等学校及び特別支援学校の学習指導要領等の改善及び必要な方策について　中央教育審議会　Retrieved from http://www.mext.go.jp/b_menu/shingi/chukyo/chukyo0/toushin/__icsFiles/afieldfile/2017/01/10/1380902_0.pdf（2018年10月1日）

文部科学省（2017a）. 小学校学習指導要領解説（平成29年告示）総則編　東洋館出版社

文部科学省（2017b）. 次期学習指導要領で求められる資質・能力等とICTの活用について　Retrieved from http://www.mext.go.jp/b_menu/shingi/chousa/shougai/037/shiryo/__icsFiles/afieldfile/2017/04/18/1384303_02.pdf（2018年10月1日）

森本　康彦・永田　小智子・小川　賀代・山川　修（2017）. 教育分野におけるeポートフォリオ　ミネルヴァ書房

森本　康彦・伊藤　明裕・丸山　浩平・宮澤　芳光（2017）. アクティブ・ラーニングの学習評価のモデル化　日本教育工学会研究報告集, 17, pp.581-588.

森本　康彦（2018）. 学習履歴／学習記録を活用した教育の今とこれから　学習情報研究, No.262, 38-43

第4部 ICTを活用した新しい学びと評価

第9章
Computer Based Testing（CBT）を用いた新しい学習評価

宮澤芳光

1 はじめに

　この章では，個人の能力や学力をICTを用いて評価する方法として，今後，ますます注目されるであろうComputer Based Testing（以下からCBTと呼びます）について説明します。具体的には，現在，CBTがどのような場面で活用されており，それにはどのような特徴があるのか，今後の学校教育における子どもたちの評価にどのような可能性をもたらすのかについて説明します。また，2020年度から開始される大学入試共通テストとCBTの関係についてもお話しします。CBTは，いまはまだだれもが教室で使える技術ではないかもしれませんが，AI技術の急速な発展などを考えると，案外その日は遠くないのかもしれません。したがって，これからの教育と評価を考えるうえで，その特徴を理解しておくことはとても大切なことだと言えます。

2 CBTとは

　近年，CBTを用いた検定や試験が普及しつつあります。CBTとは，コンピュータ上でテストの問題項目（以下から「項目」と呼びます）が出題され，その項目に受検者が解答するテスト形式です。特に，テストの配信・回収をインターネット上で行うCBTを「eテスティング」と呼びます（植野・永岡，2009）。

　CBTは，国家資格や人事測定試験などハイステークスなテスト（受検者に対してテスト結果が大きな影響を与えるテスト）と，学習途中の確認テストなど学習者の習熟度を把握するようなローステークスなテストで活用されています（図9-1）。具体的には，表9-1のとおり，国家試験である「情報処理技術者試験」や，臨床実習開始前の学生の知識・技能・態度を測定する「医療系大学間共用試験」，企業等での人事採用等に活用される適性試験であるSPI，TOEFL，そしてTOEICで有名な米国のETS（Educational Testing Service）などで，近年，CBTが導入されています。

　それぞれを簡単に説明すると，まずハイステークスなテストである「情報処理技術者試験」では，2011年からCBT方式による「ITパスポート試験」を実施しています（谷澤・本多，2014）。この試験は，ペーパー試験方式のときには春期と秋期の年2回実施でしたが，CBT方式に変わり，「いつでも・どこでも・何度でも」受験できるようになりました。そしてそのために，何度，異なる試験を受けても同程度の精度で受検者の評価ができるように，後述の方法により，各試験の難易度や能力測定精度を同等に維持したり，出題領域に偏りがないようにしたりしています。同様に，「医療系大学間共用試験」では，臨床実習時期が各大学で異なっており，同じテストを同じ時期に行うことが困難であることから，大規模な問題プールを作り，その中から特性（難易度，識別力）がわかっている項目をランダムに出題することで，一人一人異なるテストを実施するシステムを構築しています（仁田他，2014）。このようにCBTは，異なる時期や場所において，異なる問題を用いながら，一人一人の能力を同じように測定できるという特徴をもっているのです。

第4部 ICTを活用した新しい学びと評価

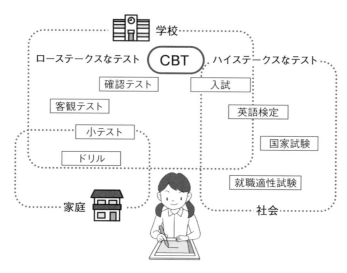

●図9-1　CBTの位置づけ

●表9-1　CBTが導入されている検定や試験

導入年	テスト名	実施団体	内容	備考
1998年	TOEFL CBT	（株）ETS（Educational Testing Service）	主に英語圏の大学・大学院において入学希望者の英語力を測定	2000年に日本で開始 2006年にTOEFL iBTに移行
2003年	SPI	（株）リクルートマネジメントソリューションズ	新卒・中途採用に利用される適性検査	
2005年	TOEFL iBT（Internet-based test）	（株）ETS（Educational Testing Service）	主に英語圏の大学・大学院において入学希望者の英語力を測定	2006年に日本で開始
2005年	医療系大学間共用試験	公益社団法人医療系大学間共用試験実施評価機構	臨床実習に必要な基本的知識・技能・態度を測定	
2011年	ITパスポート試験	独立行政法人情報処理推進機構（IPA）	情報技術に関する共通的な基礎知識を測定	
2014年	GTEC CBT	株式会社ベネッセコーポレーション 一般財団法人 進学基準研究機構	「聞く」「読む」「話す」「書く」という英語の4技能を測定	
（導入検討）共通テスト：2024年以降は，2020年からの実施状況やCBT等の技術開発の状況等を踏まえつつ，さらなる充実を図る。				

Computer Based Testing (CBT) を用いた新しい学習評価　第9章

　一方，ローステークスなテストとしては，eラーニングシステムやLMS（Learning Management System）等に確認テストやドリル教材としてその機能を盛り込んだものがすでに実用化されています（表9-2）。例えば，日本の大学向けに開発されたLMSである「WebClass」は，Web上でテストを実施できる機能をもち，文章題や図表を用いた選択肢問題や記述式問題を出題することができます（図9-2）。また，小学生から大学生までの学びを対象とした株

●表9-2　CBTが導入されている確認テストやドリル教材

サービス名	開発業者	内容
WebClass	(株)日本データパシフィック	Web上でテストを実施できる機能をもち，選択肢問題や記述式問題を出題
Classi	(株)ベネッセコーポレーション	習熟度別に分類した項目が準備され，学習者の理解度に応じて項目を出題
スタディサプリ	(株)リクルートマネジメントソリューションズ	入試の過去問を参考して作成された項目で学習の定着度を確認

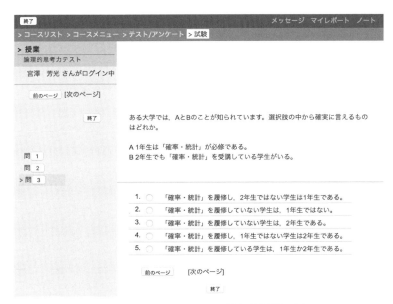

●図9-2　WebClassでの選択肢問題の例
（株）日本データパシフィック，WebClass，https://www.datapacific.co.jp/webclass/index.html

式会社ベネッセコーポレーションの「Classi」(https://classi.jp/) では，習熟度別に分類した項目が準備され，学習者の理解度に応じてそれらを出題することができます。同様に，株式会社リクルートマネジメントソリューションズの「スタディサプリ」(http://studysapuri.jp/) では，過去の入試問題を参考にして作成された問題で学習の定着度を確認することができます（小宮山，2016）。このようにCBTは，子どもたちの学習を支援するためのツールとして，すでに身近なところで活用されているのです。

3 CBTの特徴

CBTを用いたテストの出題例を図9-3に示しました。CBTでは，まずさまざまな資料や動画等を活用した出題のために「アイテムバンク」を構築します。アイテムバンクとは，内容や選択肢，解答，動画ファイルといった項目に関するさまざまな情報が蓄積されたデータベースのことです。学校における学期末テストなどでは，一般的に，1つのテストに対し項目の組み合わせが1種類しか作られないと思います。一方，CBTでは，項目を柔軟に組み合わせてテストを作成するため，それらがアイテムバンクに項目単位で管理されています。

国家試験や検定等におけるハイステークスなテストでは，テスト結果が受検者に対して大きな影響を与えるため，異なる項目を出題する際にも，同じ能力測定精度を保つことが強く求められています。CBTでは，同じ能力測定精度をもった異なるテストを自動で作成でき，これを「テスト構成」と呼んでいます（図9-3）。テスト構成は，当初，項目の組み合わせの数が膨大であり，その計算量の大きさから少数の等質テストしか生成できませんでした。しかし，近年では，たくさんの等質テストを自動で生成できる技術が開発され（例えば，Ishii, Songmuang, & Ueno, 2014; Songmuang & Ueno, 2011），「情報処理技術者試験」や「医療系大学間共用試験」などの実際のテスト運営でも実用化が検討されています。

また，CBTでは，適応型テスト（Computer adaptive testing; CAT: van der Linden & Glas, 2010）と呼ばれる技法を用いて出題することができます（図9-4）。従来のテストでは，受検者の能力の個人差が大きいときには，非常に難

Computer Based Testing（CBT）を用いた新しい学習評価 第9章

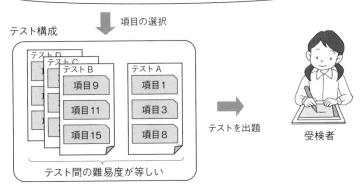

●図9-3　テスト構成を用いた出題例

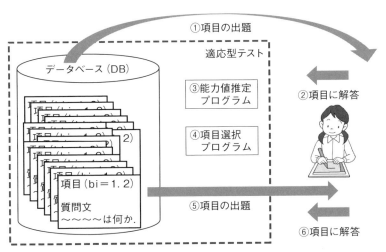

●図9-4　適応型テストを用いた出題例

しい項目から非常に簡単な項目まで広く出題する必要がありました。しかし，ある人の能力の推定に最適な項目は，難易度がその人にあった適切な項目であり，難しすぎる項目や簡単すぎる項目は能力を測定する項目としては適切でありません。適応型テストとは，受検者の能力値をさまざまな項目に答えるなかでその場で推定し，その能力に対して最も推定精度が高い項目を自動で出題する方法です。具体的には，受検者に対して難しすぎる項目は誤答が予測されますし，易しすぎる項目は簡単に正答してしまうと予想されます。このため，適応型テストでは，正答確率が50%となる項目を中心に出題し，効率的に受検者の能力値を推定します。こうした適応型テストでは，易しすぎる項目や難しすぎる項目を出題しないため，測定精度を減少させずに受検時間や項目数を減少させることができるという利点があります。

さらにCBTは，項目の性質や受検者の学力を測定するテスト理論の一つである項目反応理論（Item Response Theory, IRT）に基づいて設計されています。項目反応理論では，項目の性質や受検者の学力を数理モデルに基づいて測定することで，異なるテストを受けた受検者であっても，その能力を直接比較することができるというメリットをもっています（Lord & Novick, 1968）（図9-5）。ここでは詳しく説明しませんが，項目反応理論は，現代のテスト運用

●図9-5　項目反応理論の利点

の基礎をなす理論であり，情報処理技術者試験の一つであるITパスポート試験（谷澤・本多，2014）や医療系大学間共用試験実施評価機構による臨床実習開始前の共用試験（仁田他，2014）をはじめとするさまざまな評価場面で広く活用されています。項目反応理論の詳細については次の書籍を参考にしてください（加藤・山田・川端，2014；豊田，2012）。

4 CBTの新しいテストへの可能性

CBTは学校の学びに何をもたらすのでしょうか。ここでは，CBTの技術を用いた，学校教育における新しい学習やテストの可能性について紹介していきます。

1 CBTとAI

CBTでは，ペーパーテストでは収集できない，解答にかかる時間やどのような順序で問題に取り組んだか，解答を変更した回数，自由記述問題でのキーボード入力履歴といった多様で膨大なデータを蓄積できます。近年のドリル教材では，これらのデータについてAIを用いて分析し，効果的な学習を支援する適応型学習（アダプティブラーニング：Adaptive Learning）と呼ばれる技術を用いたアプリケーションソフトが開発されています。これらのデータは，一般的に，一人一人に応じた学習教材を順次提供することや児童生徒のつまずきの発見に活用されてきました。

また，CBTでは，上述のようにテストへの取り組みに関する詳細で膨大なデータが蓄積されますが，それゆえにそれらのデータの平均や分散といった基本統計量をただグラフで示すだけでは，どのように解釈すればよいかがわからず，児童生徒の評価や教育改善につなげることが困難です。これらのデータについてもAIを活用することで，多様で膨大なデータを児童生徒や教師が解釈できるような情報としてグラフなどに表現し，ペーパーテストや授業態度の観察などだけでは難しい児童生徒の評価や教育改善のためのフィードバックができるようになるでしょう。

第4部　ICTを活用した新しい学びと評価

2　タブレット端末を用いたモバイル・テスティング・システム

　一般的なテストは，机の上やデスクトップ型のパソコン上で実施します。一方で，知識とは，頭の中だけに単体で存在するのではなく，問題解決などを行う状況に埋め込まれて存在し，そこにある人や物を活用したり，実際の振る舞いをするなかで発揮されるという考え方があります（Quine, 1964）。また，新しい知識は，現実の状況における学習者自身の経験とまとめられて獲得されるとも考えられています（Wittgenstein, 2009）。このような知識観に基づき，現実での経験を重視する学習は，「状況に埋め込まれた学習」と呼ばれています（Lave & Wenger, 1991）。これは，「実際場面でさまざまな問題解決を行う力」というコンピテンシーの学習の概念にも通じる考え方でしょう。

　このような知識観，学習観にたった学習の評価は，学校外も含めた現実の状況における観察や探索を通した学習そのものを評価することが重要であるため，教室の中よりもむしろ現実の状況で行うべきでしょう。このような考えに基づき，地域や博物館，移動教室先などで，タブレット端末を用いてCBTに

●図9-6　モバイル・テスティング・システムの使用例

宮澤 芳光・植野 真臣（2012）．適応型テストを用いた携帯型観光・学習ナビゲーションシステム　教育システム情報学会誌, 29, 110 -123.

よるテストを行うことができるモバイル・テスティング・システムが開発されています（宮澤・植野 2012）（図9-6）。モバイル・テスティング・システムでは，タブレット端末のGPSを用いて学習者の現在地を同定し，その場所に関連した項目を出題することができます。例えば，学校の外である，地域や博物館，移動教室先などで，実際のモノがある場所まで学習者をナビゲーションし，その場に応じた質問を出題することによって，実際のモノに触れたり，そのモノに関する解説書を読んだり，行動を観察するといった探索を通した学習を促しながら，その学習そのものを評価することができます。また，教師は，各学習者が自由に学習を進めるなかで，その学習者の移動の様子や解答履歴，操作ログ等から詳細な学習過程を確認することができます。

3　適応型テストの枠組みを用いた足場かけ

前述のように，CBTの身近な活用例として，タブレット端末やスマートフォンを用いたWeb上でのドリル教材が普及しています（例：「スタディサプリ」など）。これらのドリル型教材は，児童生徒の能力に応じて難易度が適切なコンテンツや問題を提供するものでした。

一方で，現時点の能力では解答できない問題にも，自らが考えることで答えられるよう「足場かけ」を行うために，児童生徒の能力をその場で推定して，一人一人にあったヒントを提示するCBTシステムが開発されています（榎本・宮澤・宮寺・森本，2017；Ueno & Miyazawa 2017）。具体的には，項目反応理論を用いて「足場かけ」のためのヒントごとの正答確率を予測し，あらかじめ得られたデータから課題やヒントの特性を推定します。そして，これを用いて，児童生徒の課題に対する反応からその人の能力を逐次推定し，正答するまで能力に応じたヒントを提示するというものです（図9-7）。このシステムは，学習のためにその人に応じたヒントを提示するシステムであり，「足場かけ」での支援の量を確認し，能力の向上に伴いヒントを減らすなどして，主体的な学習を効果的にサポートすることができます。

第4部 ICTを活用した新しい学びと評価

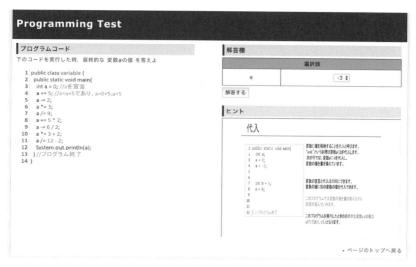

●図9-7　適応的ヒントによる足場かけ（右下のヒントの欄）の画面例
Ueno, M., & Miyazawa, Y. (2017). IRT-based adaptive hints to scaffold learning in programming. IEEE Transactions on Learning Technologies, Advance online publication. doi: 10.1109/TLT.2017.2741960

5 入試改革におけるCBT

　ここまで学校教育におけるローステークスなテストにおけるCBTの活用例や可能性を紹介してきました。一方で，学校教育に関係したハイステークステストにおけるCBTの活用としては，2020年度（2021年度入学者選抜）から開始する「大学入学共通テスト」（以下から共通テストと呼びます）においてCBTの導入が検討されていることがあります。最後にそのことについて説明します。

　共通テストでは，記述式問題の導入や英語4技能評価等の導入といったように，従来の大学入試センター試験からの大きな改革があります。共通テストの導入は高大接続改革の一つです。高大接続改革は，それまでの高等学校の教育や大学入学者選抜が，知識の暗記・再生に偏りがちで，思考力・判断力・表現力や，主体性をもって多様な人々と協働する態度など，真の「学力」が十分に育成・評価されていないとの指摘から進められてきました（文部科学省, 2014）。

このような指摘を受けて，共通テストでは，2020年度から「国語」，「数学Ⅰ」，「数学Ⅰ・数学A」において，2024年度からは地歴・公民分野や理科分野等の教科・科目等において，それぞれ記述式問題が導入されます。この記述式問題では，例えば，国語と数学においては次の能力を測定することが示されています（文部科学省，2017）。

> ・国語
>   多様な文章や図表などをもとに，複数の情報を統合し構造化して考えをまとめたり，その過程や結果について，相手が正確に理解できるよう根拠に基づいて論述したりする思考力・判断力・表現力を評価する。
>   設問において一定の条件を設定し，それを踏まえ結論や結論に至るプロセス等を解答させる条件付記述式とし，特に「論理（情報と情報の関係性）の吟味・構築」や「情報を編集して文章にまとめること」に関わる能力の評価を重視する。
> ・数学
>   図表やグラフ・文章などを用いて考えたことを数式などで表したり，問題解決の方略などを正しく書き表したりする力などを評価する。
>   特に，「数学を活用した問題解決に向けて構想・見通しを立てること」に関わる能力の評価を重視する。

これらの能力は，項目ごとに設定した正答の条件（形式面・内容面）に，記述された答えがどれくらいあてはまるかを判定し，その結果を段階別で表すことで評価することなどが検討されています。

また，「英語」のテストでは，従来の「読む」と「聞く」の評価から，高等学校学習指導要領における英語教育の抜本改革を踏まえ，「話す」と「書く」を加えた4技能評価へ転換されます（文部科学省，2014）。しかし，「話す」「聞く」については，50万人規模での一斉実施のための環境整備等の観点から，現行のセンター試験のように，同じ日にいっせいに試験を実施することが難しくなります。一方，TOEFLなど民間の資格・検定試験は，英語4技能を総合的に評価するものとして社会的に認知され，一定の評価が定着しています。これらのことから，試験内容・実施体制等が入学者選抜に活用するうえで必要な水準および要件を満たしている民間の資格・検定試験の活用が検討されていま

す。

　CBTは，このような改革の中で導入が検討されており，特に思考力・判断力・表現力を構成する諸能力を問う問題を出し，それを自動的に評価することに有効ではないかと考えられています。例えば，複雑な文章の構成力を問う問題や，統計的方法を用いて複雑な現象を表現する問題の導入，多様な表現形態によるさまざまな資料や動画等を活用した出題内容の拡大，テキスト入力等を利用した記述式問題の導入，音声入力を利用したスピーキングの評価，答えが1つに定まらない判断を相当回数伴う問題の導入，同一テスト時間内において問題の正答率に応じてそれ以降の問題の難易度を変えたりすることのできる適応型テストへの拡張など，現在，CBTの活用や展開がさまざまに検討されているのです（文部科学省，2016）。

6　まとめ

　本章では，コンピュータ上でテストを実施するCBTについて紹介してきました。CBTは，近年，国家試験や人事測定試験などのハイステークスなテストに導入が進んでいます。ハイステークスなテストでは，学力が同じ受検者であれば何度もテストを受けても同じ結果になるようにする必要があります。CBTでは，同じ能力測定精度を保った異なるテストを数多く自動で作成し，受検者一人一人に異なる項目を出題することができます。一方，学校教育におけるローステークスなテストでは，確認テストやドリル教材としてeラーニングシステムやLMS等にCBTが活用されています。近年では，AIを用いて確認テストやドリル教材の回答結果等を分析し，個々の学習者に応じて支援する適応型学習（アダプティブラーニング：Adaptive Learning）を用いたアプリケーションソフトが開発されています。また，現在，CBTは，共通テストへの導入が検討中ですが，前節で紹介したとおり，多くのハイステークスなテストで導入が進んでいる現状から実現されることが予想されます。今後，さらに，ハイステークスなテストやローステークスなテストの場面にCBTの導入が進むでしょう。

(引用文献)

榎本 命・宮澤 芳光・宮寺 庸造・森本 康彦 (2017). 項目反応理論と穴あきワークシートを用いた適応的プログラミング学習支援システム 教育システム情報学会誌, 35, 175-191.

Ishii, T., Songmuang, P., & Ueno, M. (2014). Maximum clique algorithm and its approximation for uniform test form assembly. *IEEE Transactions on Learning Technologies, 7*, 83-95.

加藤 健太郎・山田 剛史・川端 一光 (2014). Rによる項目反応理論 オーム社

小宮山 利恵子 (2016). スタディサプリとは何か. その概要と特徴 情報処理, 57, 890-893.

Lave, J., & Wenger, E. (1991). *Situated Learning: Legitimate Peripheral Participation*. Cambridge: Cambridge University Press. (レイヴ, J.・ウェンガー, E. 佐伯 胖 (訳) (1993) 状況に埋め込まれた学習——正統的周辺参加—— 産業図書)

Lord, F. M., & Novick, M. R. (1968). *Statistical Theories of Mental Test Scores*. Charlotte, NC: Addison-Wesley.

宮澤 芳光・植野 真臣 (2012). 適応型テストを用いた携帯型観光・学習ナビゲーションシステム 教育システム情報学会誌, 29, 110-123.

文部科学省 (2014). 新しい時代にふさわしい高大接続の実現に向けた高等学校教育, 大学教育, 大学入学者選抜の一体的改革について 中央教育審議会 Retrieved from http://www.mext.go.jp/b_menu/shingi/chukyo/chukyo0/toushin/__icsFiles/afieldfile/2015/01/14/1354191.pdf (2018年3月1日)

文部科学省 (2014). 今後の英語教育の改善・充実方策について 報告〜グローバル化に対応した英語教育改革の五つの提言〜 英語教育の在り方に関する有識者会議 Retrieved from http://www.mext.go.jp/b_menu/shingi/chousa/shotou/102/houkoku/attach/1352464.htm (2018年3月1日)

文部科学省 (2016). 高大接続システム改革会議「最終報告」高大接続システム改革会議 Retrieved from http://www.mext.go.jp/component/b_menu/shingi/toushin/__icsFiles/afieldfile/2016/06/02/1369232_01_2.pdf (2018年3月1日)

文部科学省 (2017). 大学入学共通テスト実施方針 Retrieved from http://www.mext.go.jp/component/a_menu/education/micro_detail/__icsFiles/afieldfile/2017/10/24/1397731_001.pdf (2018年3月1日)

仁田 善雄・齋藤 宣彦・後藤 英司・高木 康・石田 達樹・江藤 一洋 (2014). 医療系大学間共用試験におけるeテスティング 日本テスト学会第12回大会発表論文抄録集, 58-59.

Quine, W. V. O. (1964). *Word and Object* (*Studies in Communication*), *first edition*. Cambridge: The MIT Press.

Songmuang, P., & Ueno, M. (2011). Bees algorithm for construction of multiple test forms in e-testing. *IEEE Transactions on Learning Technologies, 4*, 209-221.

谷澤 明紀，本多 康弘（2014）．情報処理技術者試験におけるeテスティング　日本テスト学会第12回大会発表論文抄録，54-57.

豊田 秀樹（2012）．項目反応理論［入門編］（第2版）朝倉書店

植野 真臣・永岡 慶三（2009）．eテスティング　培風館

Ueno, M., & Miyazawa, Y. (2017). IRT-based adaptive hints to scaffold learning in programming. *IEEE Transactions on Learning Technologies*, Advance online publication. doi: 10.1109/TLT.2017.2741960

Wittgenstein, L. (2009). *Philosophical Investigations, 4th revised edition.* Hoboken, NJ: Wiley-Blackwell.

van der Linden, W. J., & Glas, C. A. W. (2010). *Elements of Adaptive Testing (Statistics for Social and Behavioral Sciences)*. New York: Springer.

あとがき

　東京学芸大学では，次世代教育研究推進機構（NGE）を組織し，2015年4月から2018年3月までの3年間，さまざまな研究と実践活動を行ってきました。その活動は，OECD（経済協力開発機構），文部科学省の支援を受けながら，OECD日本イノベーション教育ネットワーク（ISN）と協働して，資質・能力（コンピテンシー）育成の授業実践と評価のあり方を研究するもので，特に，評価担当部門では，「道徳科」「総合的な学習の時間」「特別活動」など，評価が難しいとされている分野に取り組み，その方法の検討を行いました。本書は，この次世代教育研究推進機構の評価のあり方に関する3年間の活動の成果をまとめて教育関係者の皆様に公開し，いろいろな状況で活用していただくことを目的にしたものです。

　編集・執筆に際し留意したのは，学校場面で評価を行うときに即座に参照できる「手引き」として機能させることでした。しかしながら，実際に書をまとめていく過程で，資質・能力の評価は，「何のために」「どんな情報が必要で」「だれが結果を活用して」「どのように指導にフィードバックするのか」を定位させるところから検討し始めなければならないことに気づきました。結果として本書は，単なるノウハウ集ではなく，先生方自身が，これらを明らかにしていくプロセスを追うための手引き書になりました。これを手にされた方々が，しっかりとした見通しをもって，評価の方法や授業を考えていく際の指針を示すものになっていればと思います。またわれわれも，今後，文字通りの「手引き書」とするために，教育関係者の多数の実践からの情報を積み上げていく所存です。

　なお，本書に記した研究や教育実践活動の多くは，東京学芸大学「日本における次世代対応型教育モデルの研究開発」（文部科学省機能強化経費「機能強化促進分」対象事業）により行われました。記して感謝します。

2019年2月　編者一同

編著者紹介

関口 貴裕（せきぐち・たかひろ）　東京学芸大学・教育学部・准教授
1971年群馬県生まれ。2000年大阪大学大学院人間科学研究科博士後期課程修了。博士（人間科学）。専門は認知心理学，教育心理学。主著に，『ふと浮かぶ記憶と思考の心理学－無意図的な心的活動の基礎と臨床』（編著）北大路書房，『21世紀の学習者と教育の4つの次元－知識，スキル，人間性，そしてメタ学習』（編訳）北大路書房，など。

岸　　学（きし・まなぶ）　東京学芸大学・名誉教授
1951年東京都生まれ。1980年早稲田大学文学研究科博士課程心理学専攻。博士（心理学）。専門は認知心理学，教育心理学（学習と評価）。主著に，『説明文理解の心理学』北大路書房，『SPSSによるやさしい統計学』オーム社，『説明の心理学』（分担執筆）ナカニシヤ出版，『文書表現技術ガイドブック』（編著）共立出版，「子どもの論理を活かす授業づくり」『デザイン実験の教育実践心理学』（分担執筆）北大路書房など。

杉森 伸吉（すぎもり・しんきち）　東京学芸大学・教育学部・教授
1965年東京都生まれ。1994年東京大学大学院博士課程（社会学研究科）修了。NPO法人東京学芸大学こども未来研究所理事。専門は社会心理学，特に個人と集団の関係をめぐる文化社会心理学の観点から，集団心理学（チームワーク力の測定，裁判員制度の心理学，体験活動の効果），リスク心理学などの研究を行っている。著書に，『学びを深める福祉キーワード集（社会福祉学習双書）』社会福祉法人全国社会福祉協議会（東京都），『社会福祉学習双書2016　心理学－心理学理論と心理的支援』社会福祉法人全国社会福祉協議会（東京都）など。

執筆者一覧 （執筆順。所属は2018年12月現在）

岸　　　学（東京学芸大学・名誉教授）　編集，はじめに，第1章
関口　貴裕（東京学芸大学・教育学部・教育心理学講座・准教授）　編集，第2章
梶井　芳明（東京学芸大学・教育学部・教育心理学講座・准教授）　第3章
鄭　　谷心（琉球大学・教育学部・教育実践学専修・講師）　第4章
杉森　伸吉（東京学芸大学・教育学部・教育心理学講座・教授）　編集，第5章
永田　繁雄（東京学芸大学大学院・教育学研究科・教育実践創成講座・教授）　第6章
松尾　直博（東京学芸大学・教育学部・教育心理学講座・教授）　第6章
布施　　梓（東京学芸大学・次世代教育研究推進機構・特命助教）　第6章，第7章
元　　笑予（東京学芸大学・次世代教育研究推進機構・特命助教）　第6章，第7章
林　　尚示（東京学芸大学・教育学部・教育学講座・准教授）　第7章
森本　康彦（東京学芸大学・情報処理センター・教授）　第8章
宮澤　芳光（東京学芸大学・次世代教育研究推進機構・助教）　第9章

イラスト原画協力　塩川水月，中嶋瑞希，神谷咲希（東京学芸大学・森本研究室生）

学校教育ではぐくむ
資質・能力を評価する

2019年 4月20日　初版第1刷発行［検印省略］

編 著 者	関口貴裕・岸　学・杉森伸吉Ⓒ
発 行 人	福富　泉
発 行 所	株式会社 図書文化社

　　　　　〒112-0012　東京都文京区大塚1-4-15
　　　　　TEL. 03-3943-2511　FAX. 03-3943-2519

組　　版	株式会社　さくら工芸社
装　　幀	中濱健治
印　　刷	株式会社　加藤文明社印刷所
製　　本	株式会社　村上製本所

JCOPY〈出版者著作権管理機構　委託出版物〉
本書の無断複写は著作権法上での例外を除き禁じられています。
複写される場合は，そのつど事前に，出版者著作権管理機構
（電話 03-5244-5088, FAX 03-5244-5089, e-mail：info@jcopy.or.jp）
の許諾を得てください。

乱丁・落丁本の場合はお取り替えいたします。
定価はカバーに表示してあります。
ISBN978-4-8100-9723-8　C3037

新学習指導要領が求める「資質・能力」の育成のために

中教審のキーパーソンが語る，授業と学校の不易とは。

シリーズ 教育の羅針盤⑤
新しい教育課程における
アクティブな学びと教師力・学校力

無藤 隆［著］　　四六判 272頁 ●本体1,800円＋税

教育界の各分野トップランナーが，最新の事情や話題の教育テーマを踏まえて持論を語るシリーズ「教育の羅針盤」。今作は，中教審委員として教育課程改訂に関わってきた著者が，前回改訂と今回改訂のつながりや，これからの教育の有り様について解説する。

道徳教育はこう変わる！　改革のキーパーソン，ここに集結！

「考え，議論する道徳」を実現する！
主体的・対話的で深い学びの視点から

「考え，議論する道徳」を実現する会［著］　A5判 192頁 ●本体2,000円＋税

文部科学省職員，中央教育審議会委員，道徳教育の研究者，先駆的に取り組んできた現職教員ら16人が，新しい道徳教育にかかわる教育現場の疑問に応えると共に，新しい道徳教育や，道徳科における授業の実現のポイントを解説する。

「主体的・対話的で深い学び」を実現する，たしかな授業設計論。

授業からの学校改革
「教えて考えさせる授業」による主体的・対話的で深い習得

市川 伸一［編著］　　A5判 184頁 ●本体2,200円＋税

好評「教えて考えさせる授業」シリーズ学校事例編。学校ぐるみで取り組み，学力向上を実現している小中学校の実践を紹介する。授業が変わることで子どもが変わり，さらに教員集団が成長し，学校全体がよくなっていく道筋を描く6編のレポート。

教科を横断するキャリア教育，教科と往還する特別活動を柱にPDCAを！

カリキュラム・マネジメントに挑む
標準検査のバッテリー利用で，資質・能力を育み，学力向上を実現する

長田 徹［監修］　　A5判 200頁 ●本体2,200円＋税

非認知能力を含む子どもたちの資質・能力の育成するために，現状把握と効果測定を活用して，学校・学級と子どもたちを多面的に把握することで，確かなカリキュラム・マネジメントを実現できることを実例とともに示す。

図書文化